모두가 행복한 착한 초콜릿
아름다운 공정 무역

아름다운 공정 무역

1판 2쇄 발행 2022년 7월 20일

글쓴이	김미조
그린이	유남영
편집	이용혁 박재언 이순아
디자인	문지현 오나경
펴낸이	이경민
펴낸곳	㈜동아엠앤비
출판등록	2014년 3월 28일(제25100-2014-000025호)
주소	(03737) 서울특별시 서대문구 충정로 35-17 인촌빌딩 1층
홈페이지	www.moongchibooks.com
전화	(편집) 02-392-6901 (마케팅) 02-392-6900
팩스	02-392-6902
전자우편	damnb0401@naver.com
SNS	

ISBN 979-11-6363-348-8 (74400)

※ 책 가격은 뒤표지에 있습니다.
※ 잘못된 책은 구입한 곳에서 바꿔 드립니다.
※ 이 책에 실린 사진은 위키피디아, 셔터스톡에서 제공받았습니다.

도서출판 뭉치는 ㈜동아엠앤비의 어린이 출판 브랜드로, 아이들의 지식을 단단하게 만들어 주고, 아이들의 창의력과 사고력을 키워 주어 우리 자녀들이 융합형 창의 사고뭉치로 성장할 수 있도록 좋은 책을 만들겠습니다.

펴내는 글

공정 무역이 정확히 뭐예요?
나라 간 무역이 공정하게 이루어지지 않는 이유는 무엇일까요?

선생님의 질문에 교실은 한순간 조용해집니다. 인내심이 한계에 다다른 선생님께서 콕 집어 누군가의 이름을 부르는 순간 나는 걸리지 않았다는 안도감에 금세 평온을 되찾지요. 많은 사람 앞에서 어떻게 말을 해야 하나 고민해 보지 않은 사람은 없을 겁니다. 사람들 앞에서 자신의 생각을 조리 있게 전달하는 기술은 국어 수업 시간에만 필요한 것이 아닙니다. 학교 교실뿐만 아니라 상급 학교 면접 자리 또는 성인이 된 후 회의에서도 자신의 의견을 분명히 표현할 수 있어야 합니다. 하지만 어디서부터 시작해야 할지 몰라 입을 떼는 일이 쉽지 않습니다. 혀끝에서 맴돌다 삼켜 버리는 일도 종종 있습니다. 얼떨결에 한마디 말을 하게 되더라도 뭔가 부족한 설명에 왠지 아쉬움이 들 때도 많습니다.

논리적 사고 과정과 순발력까지 필요로 하는 토론장에서 자신만의 목소리를 내려면 풍부한 배경지식은 기본입니다. 게다가 고학년으로 올라가서 배우는 수업과 진학 시험에서의 논술은 교과서 이상의 것을 요구합니다. 또한 상대의 의견을 받아들이거나 비판하기 위해서는 의견의 타당성을 검토하고 높은 수준의 가치 판단을 해야 하는 경우가 많은데, 자신의 입장을 분명히 하기 위해서는 풍부한 자료와 논거가 필요합니다.

토론왕 시리즈는 사회에서 일어나는 다양한 사건과 시사 상식 그리고 해마다 반복되는 화젯거리 등을 초등학교 수준에서 학습하고 자신의 말로 표현할 수 있도록 기획

되었습니다. 체계적이고 널리 인정받은 여러 콘텐츠를 수집해 정리하였고, 전문 작가들이 학생들의 발달 상황에 맞게 스토리를 구성하였습니다. 개별적으로 만들어진 교과서에서는 접할 수 없는 구성으로 주제와 내용을 엮어 어린이 독자들이 과학적 사고뿐만 아니라 문제 해결력, 창의적 발상을 두루 경험할 수 있도록 하였습니다. 또한 폭넓은 정보를 서로 연결지어 설명함으로써 교과별로 조각나 있는 지식을 엮어 배경지식을 보다 탄탄하게 만들어 줍니다. 이러한 통합 교과형 구성은 국어를 기본으로 과학에서부터 역사, 지리, 사회, 예술에 이르기까지 상식과 사회에 대한 감각을 익히고 세상을 올바르게 바라보는 눈을 갖는 데 큰 도움이 될 것입니다.

『모두가 행복한 착한 초콜릿, 아름다운 공정 무역』은 현재 나라와 나라 사이에서 일반적으로 이루어지는 무역과는 조금 다른 개념이에요. 아무래도 강대국이 좀 더 좋은 조건에서 이익을 볼 수밖에 없지요. 시장의 자유 논리에 따르면 아무 문제가 없다고 할 수 있겠지만, 경제력이 서로 다른 나라끼리 무역을 하는 데 있어서 한쪽만 이익을 본다면 그것을 공정하다고 볼 수 있을까요? 이 책에서는 공정 무역의 기본 개념은 물론, 세계 경제의 상황, 무역에서 중요하게 생각해야 할 것 등을 다루고 있어요. 어린이 여러분이 이 책을 통해 공정의 가치를 깨닫고 착한 소비가 왜 중요한지 스스로 생각해 볼 수 있기를 바랍니다.

편집부

# 차례

펴내는 글 · 4
모든 무역은 공정하게! · 8

1장 세계화 시대의 무역 · 11

필리핀 망고를 한국에서도 먹을 수 있어요

싸다고 다 좋은 건 아니야

누군가는 착취를 당하는 것일 수도 있어

토론왕 되기! 자유 무역과 보호 무역의 차이

2장 공정 무역이 뭐야? · 33

솔아, 네가 태어난 인도로 가자

공정 무역은 착한 무역

공정 무역은 생활이에요

토론왕 되기! 공정 무역은 원조일까, 무역일까?

3장 공정 무역, 좋은 세상을 꿈꾸다 · 57

갈수록 깊어지는 호기심

공정 무역 같은 관계

너와 함께라면 어디든 좋아

토론왕 되기! 공정 무역이 정말 경제 질서를 혼란하게 만들까?

뭉치 토론 만화
착한 초콜릿 VS 나쁜 초콜릿 · 79

4장 아직 어린데 일을 한다고? · 87

카카오 농장에서 일하지만 꿈이 있어

아이들이 일하지 않아도 되는 세상

안녕, 코피!

토론왕 되기! 우리는 아동 노동을 어떻게 바라봐야 할까?

5장 함께 행복하게 살아요 · 109

초콜릿을 먹어 본 적이 없다고?

다 같이 행복한 세상

세계 공정 무역의 날

토론왕 되기! 착한 소비자? 나쁜 소비자?

어려운 용어를 파헤치자! · 131

공정 무역 관련 사이트 · 132

신나는 토론을 위한 맞춤 가이드 · 133

세계화 시대의 무역

🥭 필리핀 망고를 한국에서도 먹을 수 있어요

"학교 다녀왔습니다!"

나는 아무도 없는 집에다 대고 큰 소리로 인사했어요. 엄마는 저녁 7시가 넘어서 올 거예요. 엄마는 초등학교 선생님이에요. 작가인 외삼촌도 같이 사는데, 외삼촌은 지금 집에 없어요. 해외여행 중이거든요. 아빠는……. 아빠는 내가 아홉 살 때 병으로 돌아가셨어요. 그래서 혼자 있는 시간이 많아요.

흠……. 외롭냐고요? 외로울 때가 있기는 하지만 늘 그런 건 아니에요. 이건 비밀인데. 사실 내 곁엔 항상 솔이가 있어요. 솔이는 2년 전 삼촌이 사 준 부엉이 인형이에요. 아주 크고 예쁜 눈을 한 친구죠.

"역시 집이 최고다!"

솔이는 가방에서 재빨리 나와 소파 위에 앉았어요.

"그래서 집에서 기다리라니까. 학교에선 가방 속에만 있어야 하잖아. 답답하지 않았어?"

"조금 답답해. 그래도 아무도 없는 빈집에 혼자 있는 것보다 너랑 있는 게 좋아."

솔이가 씩 웃으며 말했어요.

"못 말려. 흠……. 아직 배는 안 고프니까……. 망고 먹을까?"

"망고 아이스크림?"

"뭐래? 어제 엄마가 마트에서 샀다고 했는데……. 아, 여기 있다."

망고는 식탁 위에 있었어요. 노랗게 잘 익은 망고를 보니 군침이 돌았죠.

"뭐야? 진짜 망고잖아."

솔이가 재빨리 식탁으로 날아왔어요.

"그럼 진짜 망고지. 가짜 망고겠냐?"

"한국에서 이걸 볼 줄이야. 내가 태어난 인도에는 망고가 많았어. 그런데 한국에서도 망고나무가 자라?"

"이건 필리핀 망고야."

"역시 한국에서는 망고가 안 나는구나?"

"한국에서도 망고가 나기는 하는데, 수입품이 훨씬 많아. 망고는 열대 지역 과일이니까."

"우와, 인간은 대단하구나."

"뭐가?"

"다른 나라에서 상품을 가져올 수도 있고. 어떻게 그게 가능해?"

솔이는 고개를 갸웃거렸어요.

"세계화 시대잖아. 세계화 시대는 세계를 하나로 만들고 있어. 시장도 하나가 된 거지. 그래서 다른 나라 상품을 우리나라에서 사기도 하고, 우리나라 상품을 다른 나라에 팔기도 해."

"세계화? 세계화는 정말 좋은 거구나."

솔이는 동그란 눈을 더 동그랗게 뜨고 중얼거리듯 말했어요.

싸다고 다 좋은 건 아니야

"그런가……."

나는 잠시 생각했어요. 그러고 보니 여행 작가인 삼촌이 매년 몇 달씩 해외여행을 할 수 있는 것도 세계화 덕분이에요. 세계화로 국경선을 넘는 게 쉬워졌죠. 또 우리 삼촌은 낯선 나라에서도 잘 살아요. 인터넷

술이의 공정 무역 상식

세계화와 세계화 시대의 무역

세계화는 세계 모든 나라가 국경을 넘어 서로 자유롭게 이동할 수 있게 된 것을 말해요. 정치, 경제, 문화 등 여러 분야에서 국가 간 교류가 활발해졌지요. 그래서 세계화를 두고 '국경이 사라진 시대'라고 말하기도 해요. 국경이 진짜 사라진 것은 아니지만 인터넷을 통해 우리는 다른 나라의 소식을 자유롭게 접하거나 편리한 교통을 이용해 많은 나라를 오갈 수 있게 되었답니다. 여행, 유학, 이민 등이 자유로워진 것이지요. 특히 세계화 시대의 무역은 우리 생활에 많은 변화를 주었어요.

외국에 나가지 않고서도 필리핀산 망고, 베트남산 커피 등을 구매할 수 있게 된 것이 그 대표적인 예지요. 또 자본과 노동력의 교환도 가능해졌어요. 이를테면 한국 기업이 중국에 자본을 들여 공장을 짓고, 중국인은 그 공장에서 일하는 대신 월급을 받는 식이죠. 그러니까 세계화는 각 국가의 경계를 없애고 하나의 단일 체제를 향해 가는 것을 말해요.

에서 얻은 정보 덕분이래요. 또 지금 우리가 필리핀 망고를 먹을 수 있는 것도 세계화 덕분이죠. 세계화가 되어서 좋은 점은 이 외에도 많아요. 또 뭐가 있더라……. 아, 맞다!

　싼 가격에 살 수 있는 상품들이 많아졌어요. 이를테면 바나나 같은 열대 과일 말이에요. 엄마가 그러는데 바나나는 예전에 비싼 과일이었대요. 그래서 지금처럼 많이 먹지 못했다고 해요. 그러고 보니 내가 좋아하는 초콜릿도 비싸지 않아요. 마트나 편의점에서 쉽게 구할 수 있고요. 그래서 난 삼촌에게 '세계화는 참 좋아.'라고 말한 적도 있었죠.

"가영아, 넌 세계화가 왜 좋다고 생각하니?"

삼촌이 물었어요.

"외국 상품들을 싸게 살 수 있으니까."

"싸다고 다 좋은 건 아니야."

"왜?"

나는 고개를 갸웃거렸어요. 싸면 다 좋은 거 아닌가? 만약 내가 좋아하는 초콜릿이 비싸면, 난 매일 초콜릿을 먹을 수 없을 거예요. 또 망고나 바나나가 비싸다면 엄마에게 사 달라고 조를 수도 없을 거예요. 엄마는 부자가 아니니까요. 그래서 '세상에 나와 있는 모든 상품이 싸면 얼마나 좋을까?' 같은 생각을 한 적도 있어요.

"만약 네가 바나나 농사를 짓는 농부라고 생각해 봐."

"내가?"

"응. 넌 필리핀의 작은 농가에서 바나나 농사를 짓고 있지. 몇 달 내내 열심히 일해서 바나나를 수확했어. 그 바나나를 한국의 한 기업이 사겠다고 해. 바나나 하나에 50원을 주고."

"뭐? 그렇게 싸게?"

"응. 그렇게 싸게."

"에이, 그건 안 되지. 내가 얼마나 힘들게 농사지었는데."

나는 어느새 필리핀의 작은 농가에서 바나나 농사를 짓는 농부가 된 기분이 들었어요. 그래서일까요. 내가 열심히 농사지은 바나나를 그렇게 싸게 팔아야 한다는 말에 화가 났지요.

"그래, 그럼 안 되겠지? 그런데 세상엔 이런 일들이 정말 많아. 가난한 나라의 농부들은 온종일 농사를 짓는데, 그 농산물을 싸게 팔 수밖에 없는 거지. 그래서 아무리 열심히 일해도 돈을 모을 수가 없어."

"왜? 비싸게 팔면 되잖아."

"너도 바나나가 싼 게 좋다며?"

"그야 그렇지만……."

"만약 똑같은 바나나 2개가 있다고 생각해 봐. 하나는 천 원이고, 다른 하나는 이천 원이야. 넌 어떤 걸 선택할 것 같아?"

"당연히 천 원이지."

"그래. 더 싼 바나나를 선택하겠지? 그럼 필리핀에서 바나나를 수입해 한국에 파는 기업들은 바나나 가격을 어떻게 정하고 싶을까?"

"당연히 싼 가격으로 정하고 싶겠지. 그래야 잘 팔리니까."

"그래, 그래야 더 잘 팔릴 거야. 사람들은 이왕이면 더 싼 바나나를 사고 싶어 하니까."

"삼촌도? 삼촌도 그래?"

"하하하. 나도 그래. 뭔가 하나를 사더라도 가격을 생각하지 않을 수가 없잖아. 너도 그렇지 않아? 떡볶이를 파는 집이 두 곳인데, 맛이 비숫하다면, 더 싼 집에 가지 않아?"

"어, 맞아."

"어른들도 그래. 그래서 바나나를 수입해서 한국에 파는 기업은 바나나의 가격을 최대한 낮추려고 해. 다른 바나나 수입 기업과의 경쟁에서 이기기 위해."

"삼촌이 무슨 말 하는진 알겠어. 그런데 바나나는 다 똑같은 바나나잖아. 그런데 어떻게 가격을 낮춰?"

난 정말 이해할 수 없었어요. 같은 바나나인데 어째서 어떤 바나나는 천 원이고, 어떤 바나나는 이천 원일까요?

"바나나를 싸게 팔기 위해선 바나나를 싸게 구매해야겠지?"

"응."

"그래서 바나나를 수입하는 기업은 농부들에게서 바나나를 싼 가격에 구매해. 그러니까 우리가 바나나를 싸게 먹는다는 건, 바나나 농부들이 열심히 수확한 바나나에 정당한 가격을 주지 않는 것과 같아."

"아!"

나는 삼촌이 하려는 말을 재빨리 이해했어요.

"싸다고 다 좋은 게 아니구나. 좋은 물건이 싼 건 누군가 정당한 대가를 받지 못했다는 거지?"

"그래, 바나나뿐만이 아니야. 우리가 먹거나 사용하는 상품들엔 그런 것들이 정말 많아."

삼촌의 말을 듣고 보니 어쩐지 마음이 좋지 않았어요. 나는 이제껏 싸면 무조건 다 좋은 줄로만 알았거든요. 그런데 어떤 상품이 싸다는 건, 누군가의 희생이 따르는 일일 수도 있다는 걸 알게 되었어요.

누군가는 착취를 당하는 것일 수도 있어

"무슨 생각을 그렇게 해?"

솔이의 공정 무역 상식

초콜릿은 왜 쌀까요?

세상에는 정말 많은 초콜릿 회사가 있어요. 이 회사들은 서로 경쟁하죠. 자기 회사 제품을 더 많은 나라의 사람들에게 팔기 위해서 말이에요. 그렇다면 어떤 회사가 경쟁에서 이기기 좋을까요? 맛이 좋으면서도 가격이 싼 초콜릿이겠죠? 그래서 기업들은 다른 경쟁사보다 초콜릿을 싼 가격에 내놓으려 해요. 그러려면 초콜릿을 만드는 비용을 줄여야겠죠?

기업들은 개발 도상국의 카카오나무 농장에서 카카오 열매를 싼값에 사들여요. 안 팔면 되는 거 아니냐고요? 수출할 것을 예상하고 재배를 많이 했기 때문에 기업들이 사 주지 않는다면 농장은 파산할지도 몰라요. 제값을 못 받더라도 팔 수밖에 없는 상황이 생기는 것이지요. 그러다 보니 노동자들의 임금을 깎는 방식으로 노동력 착취를 하려는 농장주들이 나오게 된답니다.

솔이가 물었어요.

"아! 미안. 삼촌이 해 준 말을 생각하고 있었어."

"무슨 말을 했는데?"

"삼촌이 그러는데……. 세상엔 열심히 일하고서도 공정한 대가를 받지 못하는 사람들이 많대."

"뭐? 왜?"

"너도 네가 필요한 물건을 싸게 사는 게 좋지?"

"당연하지."

솔이는 대뜸 대답하고 나서는 고개를 갸웃거렸어요.

"어라?"

"왜 그래?"

"나, 한 번도 물건을 산 적이 없어."

"아!"

"나, 돈이 없잖아. 히잉……."

솔이는 큰 눈을 더 크게 뜨고는 나를 쳐다봤어요.

"나도 돈 가지고 싶어. 용돈 줘."

나는 얼른 고개를 돌려 버렸어요. 솔이에게 용돈을 주고 싶었지만, 나도 돈이 없었거든요. 이번 주에 받은 용돈은 친구들과 떡볶이를 먹느라 다 쓰고 말았어요.

1장 세계화 시대의 무역

"미안……. 하지만 다음 주에 용돈 받으면, 너한테도 나눠 줄게."

솔이는 방글방글 웃었어요.

"약속했다? 히잇. 용돈 받으면 맛있는 거 사 줄게."

"에휴. 고맙다, 고마워."

나는 그만 웃고 말았어요. 부엉이 인형인 솔이가 돈을 내밀었을 때, 사람들은 깜짝 놀란 표정을 짓겠죠? 그 표정을 상상하니 자꾸만 웃음이 나오는 거예요.

"그런데 공정한 대가를 받지 못하는 사람들이 많다는 게 무슨 뜻이야? 그리고 그게 물건 가격이 싼 것과 무슨 관련이 있는데?"

솔이가 물었어요.

"어떠한 상품이 그 질에 비해 싸다는 건, 누군가 열심히 일했는데도 정당한 대가를 받지 못한 것을 뜻하기도 해. 이런 걸 '착취'라고 해."

"착취? 착취는 또 뭐야?"

"노동자나 농민에게 일을 시키고는 제대로 임금을 주지 않는 거지. 그러니까 아예 돈을 주지 않거나 쥐꼬리만큼만 돈을 주는 거야. 그래서 가난한 사람들은 아무리 열심히 일해도 가난을 벗어나기 힘들어."

난 초콜릿을 예로 들어 설명을 덧붙였어요.

"그럼 농부들에게 제대로 된 돈을 주고, 초콜릿을 이천 원에 팔면 되잖아. 어째서 농부들의 임금까지 깎으면서 천 원에 파는 거지?"

솔이의 목소리가 높아졌어요. 농부들이 열심히 일하고도 그 대가를 받지 못한다는 말에 속상해하는 것 같았어요.

"세계화로 세계 각국의 초콜릿 회사는 모든 나라에 초콜릿을 팔 수 있게 되었어. 그러니까 초콜릿 회사들의 경쟁도 심해졌지. 경쟁에서 이기기 위해 초콜릿 가격을 낮추는 거야. 너도 그랬잖아. 비싼 초콜릿과 싼 초콜릿이 있다면 싼 걸 사겠다고. 그러니까 초콜릿 회사들은 초콜릿 가격을 최대한 낮추려는 해. 그러기 위해서 원가를 줄이는 거고. 원가

1장 세계화 시대의 무역

솔이의 공정 무역 상식

초콜릿, 커피, 설탕의 공통점

초콜릿 회사, 커피 회사, 설탕 회사는 개발 도상국의 가난한 농민들이 농사지은 카카오 열매, 원두, 사탕수수 등을 아주 싼값에 구매해요. 그리고 이 원료들을 가공해 초콜릿, 커피, 설탕을 만들어 팔아 이윤을 남기죠. 기업들은 더 많은 이윤을 남기기 위해 개발 도상국의 가난한 농민들에게 공정한 대가를 주지 않아요. 이런 이유로 개발 도상국의 농민들은 온종일 농사를 짓는데도 가난을 벗어나지 못하는 경우가 많답니다.

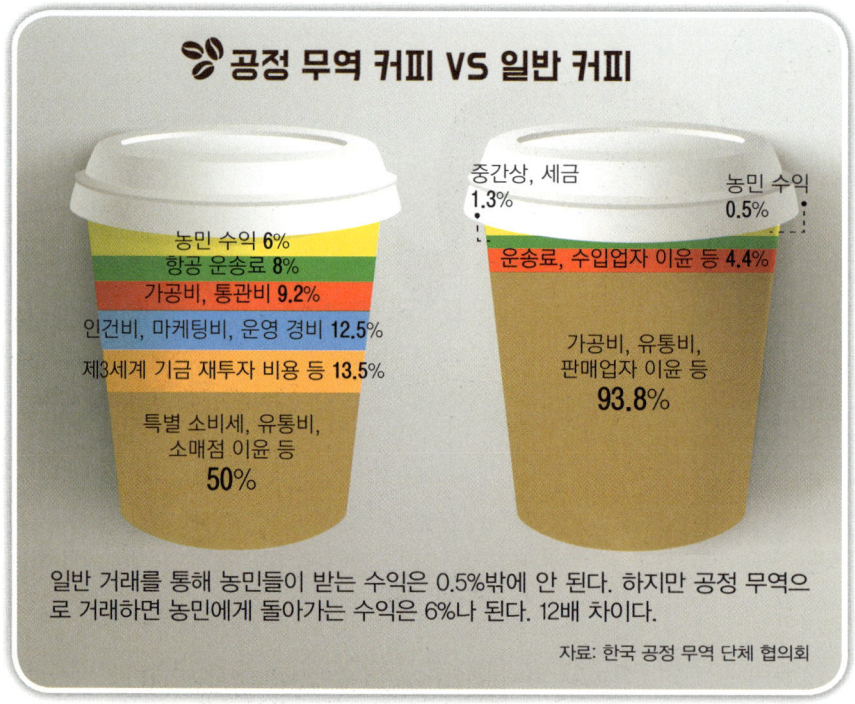

일반 거래를 통해 농민들이 받는 수익은 0.5%밖에 안 된다. 하지만 공정 무역으로 거래하면 농민에게 돌아가는 수익은 6%나 된다. 12배 차이다.

자료: 한국 공정 무역 단체 협의회

를 줄일 때 제일 먼저 줄이는 게 인건비지. 이처럼 우리가 맛있게 먹는 초콜릿은 달콤한데…… 초콜릿을 만드는 과정은 달콤하지 않아."

"아!"

솔이는 잠시 말을 잃었어요. 점차 표정이 어두워지나 싶더니 깊은 한숨까지 내쉬었어요.

"왜 그래? 무슨 걱정 있어?"

내가 물었어요.

"있잖아……."

"응."

"우리 엄마도 착취당하고 있으면 어떡하지?"

"뭐?"

나는 정말 놀랐어요. 솔이도 엄마가 있었나? 이제껏 생각해 본 적이 없어요. 그러고 보니, 난 솔이에 대해 아는 게 별로 없는 것 같아요!

국제 무역 기구, 한눈에 보기

1944

관세 무역 일반 협정(GATT)
세계 무역 기구 체제 이전의 체제. 여러 나라 간 교역 규범의 가장 중요한 원칙인 비차별성을 강조. 이것은 가장 혜택을 입는 국가에 적용되는 조건이(즉 가장 낮은 수준의 제한) 모든 다른 국가에도 적용되어야 한다는 것을 의미.

국제 부흥 개발 은행(IBRD)
세계은행 그룹을 구성하는 5개 기구 중 하나. 제2차 세계 대전 후 전후 복구 자금과 개발 도상국에 대한 경제 개발 자금을 지원할 목적으로 창설된 기구. 현재는 그 역할이 확대되어 빈곤 상태의 국가들을 구제하기 위한 역할도 수행.

국제 통화 기금(IMF)
국제 통화 협력과 환율 안정, 환율 조정, 경제 성장과 낮은 실업률을 조성, 즉각적인 재정 보충을 통해 국가들의 지불 적응을 쉽게 해 주기 위해 조성.

1961

경제 협력 개발 기구 (OECD) 설립
경제 성장, 개발 도상국 원조, 무역의 확대 등이 목적.

1964

유엔 무역 개발 회의 (UNCTAD)
유엔의 정부 간 협의체. 선진국과 개발 도상국의 경제 격차를 줄이기 위해 설립.

1996
한국, 경제 협력 개발 기구의 정회원으로 가입.

1995
한국, 국제 통화 기금에 가입

세계 무역 기구(WTO)
GATT 체제를 대체하기 위해 등장. 국가 간 무역을 보다 부드럽고 자유롭게 보장해 줌.

2019
2019년 WTO 회원국 164개국

OECD 37개국

1989

아시아 태평양 경제 협력체 (APEC)
환태평양 국가들의 경제적·정치적 결합을 증대하고자 만든 국제기구.

자유 무역과 보호 무역의 차이

오늘날 무역의 주체는 국가가 아니라 기업이에요. 기업은 최대한 많은 이윤을 남기는 게 목적이에요. 그래서 자기 나라에서 판매하는 것뿐만 아니라 다른 나라와의 무역도 활발하게 하고자 해요. 다른 나라와의 무역은 세계화 시대에 들어서면서 훨씬 편리해졌어요. 교통, 통신의 발달로 국가 간 장벽이 없어졌기 때문이에요. 하지만 국가 간 무역이 완전히 자유로운 것만은 아니에요. '자유 무역'도 있지만 '보호 무역'도 있거든요.

자유 무역은 정부가 수입에 제한을 두지 않거나 수출에 개입하지 않는 정책이에요. 이를테면, 자유 무역 협정을 맺은 국가의 기업들은 다른 국가에서 자유롭게 상품을 팔 수 있죠. 덕분에 소비자들은 더 좋은 상품, 더 다양한 상품을 구매할 수 있게 되었어요.

하지만 이 때문에 손해를 보는 기업이나 사람들도 많아요. 왜냐하면 자유 무역은 링에서 조건의 제한 없이 싸우는 권투와 같거든요. A 권투 선수는 일반인이고, B 권투 선수는 프로라고 할 때, 둘이 싸우면 누가 이길까요? B 권투 선수일 가능성이 훨씬 크겠죠?

무역도 마찬가지예요. 국내 중소기업인 A 기업과 외국 대기업인 B 기업은 경쟁 상대가 되지 않아요. 그런데 시장에서 자유롭게 경쟁하게 되면, 국내 중소기업은 자연스럽게 시장에서 사라지고, 외국 기업인 B 기업이 시장을 장악하게 돼요. 자유롭게 경쟁하다 보니, 거대 기업만 활성화되는 시장이 만들어지는 거예요.

보호 무역은 정부가 자국의 산업을 보호하기 위해 대외 무역에 개입하는 제도예요. 국내에서 수요와 공급이 적절히 조절되면서 유통되는 상품이 있다면, 그 품목만큼은 수입을 제한해서 자국 산업을 보호하는 것이지요. 어쩔 수 없이 수입을 하게 되면 관세를 높게 부과하는 방법으로, 소비자 가격에 차이가 생기도록 조정하고요. 정부는 자국의 기업을 보호하거나 육성하기 위해서, 또는 시장의 다양성을 활성화시키고자 보호 무역 정책을 펼치기도 한답니다.

여러분의 생각은 어떤가요? 지구촌 시대의 무역은 어떤 방향으로 나아가는 것이 바람직할까요?

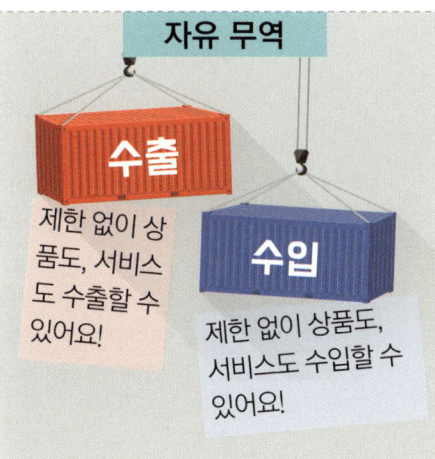

선 긋기

무역에 대해 알아보고, 각 사항에 맞는 답을 찾아 선을 그어 봐요.

1 자유 무역
가 특정 국가 간의 상호 무역 증진을 위해 물자나 서비스 이동을 자유화시키는 협정이에요.

2 국제 무역
나 정부가 수입에 제한을 두지 않거나 수출에 개입하지 않는 무역이에요.

3 보호 무역
다 국가 간에 수입 거부 또는 거래 제한 등의 수단을 이용해 무역 이권을 다투는 일이에요.

4 FTA (자유 무역 협정)
라 무역 거래 활동을 금지하거나 무역 거래량의 일정한 한도를 정하여 그 한도를 넘지 못하게 막는 일이에요.

5 무역 전쟁
마 정부가 자국의 산업을 보호하기 위해 국제 무역에 개입하는 무역 제도예요.

6 무역 규제
바 국가와 국가 사이에 서로 필요한 물품, 자본, 기술 등을 거래하는 경제 활동이에요.

정답: ①-나, ②-바, ③-마, ④-가, ⑤-다, ⑥-라

2장
공정 무역이 뭐야?

솔아, 네가 태어난 인도로 가자

"엄마가 보고 싶어?"

나는 조심스레 물었어요.

"응. 우리 엄만 가방과 옷을 만들어. 매일매일 정말 열심히 일하는데……. 일한 만큼 돈을 못 받으면 어떡하지?"

"그럼 너희 엄마 보러 가자. 같이 가 줄게."

"정말?"

"응."

 사실 이건 비밀인데요. 솔이는 원하는 곳이라면 어디든 갈 수 있어요. 지난번엔 이집트도 다녀왔어요. 이집트의 피라미드가 보고 싶다는 내 말을 듣곤 솔이가 데려가 주었지요.

 솔이는 자신의 몸을 부풀렸어요. 내가 재빨리 솔이의 등에 올라타자 솔이는 멋진 날개를 퍼덕이기 시작했어요. 한 번, 두 번…… 그리고 열 번. 방 안의 천장이 뱅글뱅글 도는가 싶더니 어느새 인도의 한 마을에 도착했답니다.

벌써 인도에 도착한 거야?

나는 솔이의 등에서 얼른 내려 신나게 뛰어가기 시작했어요. 그러자 뒤에서 솔이의 목소리가 들렸어요.

"같이 가!"

솔이는 원래 크기로 돌아가 있었어요. 그 때문에 내 걸음을 따라오지 못했어요.

"아, 미안."

나는 얼른 솔이를 안아 들었어요. 그때였어요. 누군가 탄성을 지르지 뭐예요.

"세상에! 내가 만든 인형이네."

옆을 봤더니 인도 전통 의상인 푸른색 사리_{인도 여성들이 입는 민속 의상}를 걸친 여자가 서 있었어요. 여자는 내 품에 안겨 있는 솔이를 반가운 눈으로 살펴봤어요.

"어, 아줌마가 우리 솔이를 만들었어요?"

깜짝 놀라서 물었어요. 그와 동시에 솔이가 내 품에서 튕겨 나와 여자에게 안겼어요.

"엄마!"

여자도 깜짝 놀란 표정을 지었어요. 솔이가 움직일 줄도 알고, 말할 수도 있다는 걸 몰랐나 봐요. 하지만 곧 밝게 웃고는 이렇게 말했어요.

"내가 만든 인형이 맞네, 맞아. 2년 전에 한국 남자가 널 가져갔는

데……. 이름이 동, 뭐라 했는데. 내 정신 좀 봐. 같이 사진까지 찍었는데도 이름을 까먹었네."

"이동형, 우리 삼촌이에요. 저도 그 사진 봤어요. 아줌마가 프리야 아줌마죠?"

"어머, 내 이름까지 아니?"

"엄마, 내가 말해 줬어."

솔이가 자랑스럽게 말했어요.

"솔이가 아줌마 걱정을 많이 해서 왔어요."

"내 걱정을?"

프리야 아줌마가 솔이를 쳐다봤어요. 솔이는 부끄러운 듯 헤헤 웃으며 두 날개로 프리야 아줌마를 더 세게 꼭 끌어안았어요.

"당연하지. 엄마는 우리 엄마잖아."

"하하하. 그래, 그래. 나도 널 잊지 않고 있었단다. 그래서 단번에 알아봤지. 그런데 무슨 걱정을 한 거야?"

"아줌마가 열심히 일하는데, 일한 만큼 돈을 받지 못하는 거 아니냐고요. 그럼 먹고살기 힘들어지잖아요."

내 말에 프리야 아줌마는 깔깔 웃었어요.

"고마운 일이네. 그런 걱정까지 다 해 주고. 그런데 난 일한 만큼 돈을 받고 있단다. 우리 공방에선 공정 무역을 하고 있거든."

"진짜요?"

"공정 무역?"

솔이가 고개를 갸우뚱거렸어요.

"공정 무역은 공정한 무역을 말해."

내가 얼른 대답해 주었어요.

"어머? 공정 무역에 대해 알고 있니?"

프리야 아줌마가 신기하다는 듯 물었어요.

"네. 헤헤."

솔이의 공정 무역 상식

공정 무역이 뭔가요?

공정 무역은 선진국의 소비자와 유통업자가 가난한 나라의 노동자나 농민이 만든 생산품을 정당한 가격으로 거래하는 것을 말해요.
경제 선진국과 개발 도상국 간의 불공정한 무역으로 발생하는 구조적인 빈곤 문제를 해결

하기 위해서 만든 무역 방식이지요. 정당한 가격에 물건을 거래하는 건 매우 당연한 일이에요. 하지만 공정 무역보단 불공정한 무역이 더 많은 것이 현실이에요. 그래서 공정 무역 단체들은 공정 무역을 하나의 사회 운동으로 발전시키고자 해요. 기업은 기본적으로 이윤 추구가 목적이므로, 공정한 무역을 실현하려면 많은 노력과 실천이 필요하기 때문이에요.

나는 머리를 긁적이며 웃었어요. 사실 공정 무역에 관한 이야기는 삼촌에게 들었어요. 삼촌은 여행 작가면서 공정 무역에 관심이 많아요. 그래서 나한테도 자주 말해 주었지요. 그런데 이 사실은 솔이가 계속 몰랐으면 좋겠어요. 솔이가 나를 똑똑한 아이로 생각하길 바라거든요.

공정 무역은 착한 무역

프리야 아줌마 집은 세 식구가 살기에 조금 비좁아 보였어요. 하지만 깨끗하고 예뻤어요. 아줌마가 직접 만든 인형, 러그마루나 방바닥에 까는, 거칠게 짠 직물 제품, 커튼 등으로 집 안 곳곳을 아늑하게 꾸며 놓았지요.

"와, 아줌마 집 정말 예뻐요."

이곳에서 솔이가 태어났다고 생각하니 한결 더 정겨웠어요.

"하하. 고마워."

"그런데 언니, 오빠는 어디 있어요? 언니는 중학생, 오빠는 고등학생이라고 했죠?"

"그 아이들은 지금 학교에 있단다."

"그렇구나. 조금 아쉽다. 언니, 오빠도 보고 싶었는데. 솔이 너도 아쉽지?"

솔이는 말없이 고개만 끄덕였어요. 오랜만에 집에 와서 그런지 뭔가 생각에 잠겨 있는 것 같기도 했어요.

"사실 5년 전만 해도 우리 아이들을 학교에 보내지 못했단다. 심지어 하루 한 끼만 먹을 때도 있었지. 온종일 일하는데도 버는 돈이 없었기 때문이야. 그때를 생각하면…… 정말……."

프리야 아줌마는 잠시 말을 멈췄어요. 순간, 내 마음도 찌릿 아팠어요. 세상에. 하루 한 끼만 먹다니. 열심히 일했는데도 먹을 걸 살 돈이 없다니. 얼마나 힘들었을까요?

나는 바느질로 거칠어진 아줌마의 손을 가만 잡아 주었어요. 그러자 아줌마는 살짝 웃고는 내 손등을 토닥토닥 두드려 줬어요.

"착하구나."

"엄마, 나도, 나도."

솔이가 옆에서 날개를 내밀었어요.

"하하하. 그래, 그래. 너도 참 착해."

프리야 아줌마는 솔이의 날개도 쓰다듬어 주었어요.

"착하다는 말을 듣는 게 좋아?"

"네."

우린 동시에 대답했어요.

"왜?"

"마음이 곱다는 뜻이잖아요. 그래서 좋아요."

내가 얼른 말했어요.

"하하하. 그렇구나. 그래, 착하다는 건 마음이 곱다는 뜻이지. 마음이 고운 사람은 자기 자신만 생각하지 않아. 다른 사람의 감정이나 형편도 살피지. 공정 무역이 그래. 그래서 공정 무역을 '착한 무역'이라고도 한단다."

"엄마, 그런데 어떤 부분에서 착하다고 하는 거야?"

솔이가 물었어요.

"바보. 아까 아줌마가 말했잖아. 일한 만큼 대가를 정당하게 받기 때문이라고."

내가 얼른 대답했어요.

"하하하. 공정 무역을 착한 무역이라고 하는 건 단지 그 때문만은 아니야. 더 많은 이유가 있단다."

"뭔데요?"

솔이가 반짝 눈까지 빛내며 물었어요.

"공정 무역은 생산자에게 더 많은 이익이 돌아가게 하고, 남녀 차별을 금지하고, 생태계를 보호하는 무역을 지향한단다."

"와. 공정 무역은 정말 착한 무역이네요. 제 생각보다 하는 일이 많네요."

"하하하. 이것도 공정 무역의 10원칙 중 몇 가지만 말한 거야."

우린 공정 무역의 10원칙이 뭔지 정말 궁금했어요. 그래서 둘이 동시에 말했어요.

솔이의 **공정 무역 상식**

공정 무역의 10가지 원칙

세계 공정 무역 기구(WFTO)는 공정 무역의 10원칙을 정했어요.

경제적으로 소외된 생산자들에게 기회를 줘요.

공정 무역 경영자는 투명한 경영을 해야 하며, 책임감이 있어야 해요.

공정한 무역 관행을 만들어요.

생산자에게 공정한 대가를 줘요.

아동 노동과 강제 노동을 금지해요.

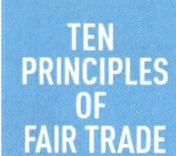

남녀 차별을 하지 않아요. 그래서 임금도 똑같이 주죠.

안전하고 쾌적한 노동 환경을 제공해요. 그래서 노동자가 일하다 다치거나 병이 들지 않도록 해요.

생산자의 능력이 향상되도록 지원해요.

공정 무역을 되도록 많은 사람에게 적극적으로 알려요.

자연환경을 보호해요. 그래서 친환경적인 생산 방식을 권장하고 있어요.

"그게 뭐예요?"

"하하하."

프리야 아줌마가 웃음을 터뜨렸어요.

"왜 웃어요?"

이번에도 우린 동시에 물었어요.

"너흰 쌍둥이 같구나. 생긴 모습은 다르지만 표정이 똑같아."

"에이, 그건 아니다. 내가 훨씬, 훨씬 귀여운걸."

솔이가 고개까지 저으며 말했어요.

"하하하. 나도 이제야 마음이 놓이는구나. 우리 솔이가 엄마 없이도 잘 지내는 것 같아서."

프리야 아줌마의 말에 솔이는 그만 울컥했는지, 그 큰 눈에 눈물방울이 맺혔어요. 나는 당황해서 이렇게 말하고 말았어요.

"울지 마, 울지 마. 울보 솔이라고 평생 놀릴 거야."

공정 무역은 생활이에요

솔이는 다행히 울진 않았어요. 오히려 "바보, 누가 운대?"라고 내게 핀잔을 주었죠. 그러곤 헤실거리며 프리야 아줌마 곁에 꼭 붙어서 떨어질 생각을 하지 않는 거예요.

'엄마가 많이 보고 싶었구나.'

그런데도 솔이는 그동안 아무 내색도 하지 않았어요. 내가 걱정할까 봐 그랬을까요? 내가 좀 더 솔이의 마음을 알아주면 좋았을 텐데……. 솔이한테 미안한 마음이 들었어요. 프리야 아줌마를 더 일찍 만나러 오지 않은 게 후회되기도 했어요.

"참! 그런데 공정 무역 10원칙은 누가 정한 거예요?"

내가 물었어요.

"세계 공정 무역 기구(WFTO)에서 정한 거야."

"세계 공정 무역 기구? 그런 것도 있어요?"

"응. 세계 공정 무역 기구는 경제적으로 소외된 생산자의 생계를 개선하고자 만들어진 글로벌 협회야."

"와! 아줌만 어쩜 이렇게 아는 게 많아요?"

프리야 아줌마는 웃음을 터뜨렸어요.

"나한테 공정 무역은 생활이니까. 그냥 지식이 아니란다. 공정 무역 덕분에 난 일할 기회를 더 많이 얻게 되었고, 돈도 더 많이 벌 수 있게 되었지. 그래서 예전처럼 하루 한 끼만 먹거나 우리 아이들을 학교에 보내지 못하는 일은 없게 되었어. 그러니 자연스럽게 공정 무역을 공부하게 되었지. 앞으로도 더 많은 것을 알아 갈 생각이야. 아는 게 많을

수록 할 수 있는 일도 많아지니까. 그건 결국 나와 가족, 다른 사람들을 위해 할 수 있는 일이 많아진다는 것을 뜻하기도 해. 그러니까 더 좋은 세상을 만들기 위해선 많은 것을 알아야 하지."

"아!"

난 순간 프리야 아줌마를 감탄의 눈으로 쳐다봤어요. 이제까지 나는 공부가 지식을 쌓는 일인 줄로만 알았어요. 그런데 공부를 하는 이유는 그것만이 아니었어요. 더 좋은 세상을 만들기 위해서도 필요한 일이었어요.

"저, 결심했어요."

나는 꽤 야무지게 말했어요.

"어? 뭘?"

솔이가 먼저 물었어요.

"어른이 되면, 공정 무역 일을 할 거야."

"뭐? 작가가 되고 싶다며?"

"지금 바뀌었어. 공정 무역 전문가. 이게 내 꿈이야."

"아, 그래. 응원해."

솔이는 그렇게 말하면서도 나를 미덥지 못한 눈으로 쳐다봤어요.

"뭐야, 그 못 믿겠다는 눈은."

"믿어. 네 꿈이 또 바뀌지 않는다면."

솔이는 여전히 건성으로 말했어요. 하지만 프리야 아줌마는 내 머리를 부드럽게 쓰다듬으며 이렇게 말해 주었어요.

"꿈이 바뀌는 건 자연스러운 일이야. 새로운 걸 알고 경험하다 보면 여러 번 꿈이 바뀔 수도 있어. 그러니 마음껏 꿈을 꾸렴. 그러다 보면 언젠가 진짜 하고 싶은 일을 찾게 될 거야."

"정말요?"

"그럼."

"헤헤. 아줌마 말을 들으니 안심이 돼요. 사실 전 툭하면 꿈이 바뀌어서……. 내가 변덕이 너무 심한 건 아닌가 걱정했거든요."

"하하하. 그런 걱정까지 했어?"

"네. 하지만 이번엔 진짜예요. 진짜, 진짜 공정 무역 전문가가 되고 싶어졌어요."

"그래, 네가 바라는 대로 될 거야."

이후로도 한 시간 동안 우린 프리야 아줌마와 즐겁게 지냈어요. 하지만 원래 사는 곳으로 돌아가야 할 시간이 찾아왔어요.

"엄마……."

솔이는 프리야 아줌마를 슬픈 눈으로 바라봤어요.

"엄마, 나중에 또 올게. 건강하고 행복하게 지내."

솔이의 눈엔 눈물방울이 그렁그렁 차올랐어요. 그 모습을 본 나는 이렇게 말하고 싶었어요.

'엄마와 있고 싶으면 여기에 있어도 돼.'

하지만 이 말이 입 밖으로 쉽게 나오지 않았어요. 나도 솔이와 헤어지기 싫었으니까요.

"솔이야, 미안."

나는 결국 솔이보다 먼저 울음을 터뜨리고 말았어요.

2장 공정 무역이 뭐야?

 솔이의 **공정 무역 상식**

세계 공정 무역 기구(WFTO)

1989년에 공정 무역을 위해 국제 대안 무역 연맹이 만들어졌어요. 그리고 2008년에 세계 공정 무역 기구로 그 명칭을 바꾸었답니다. 세계 공정 무역 기구는 독일의 본(Bonn)에 있어요. 현재 국제 사무소는 32개국에 있고요. 생산자 단체는 75개국이고, 약 160여만 명이 참여하고 있어요. 한국은 2011년 아시아에서 일본에 이어 두 번째로 세계 공정 무역 기구에 참여했어요. 세계 공정 무역 기구는 공정 무역뿐 아니라 난민 권리 옹호, 여성 역량 강화, 유기 농업 실천 등의 일도 하고 있어요.

국제 공정 무역 기구의 인증 시스템

자료: 국제 공정 무역 기구 한국 사무소

"내 욕심 때문에…… 네가 엄마와 못 있고…… 흑흑……. 여기 있고 싶으면 있어도 돼. 나, 꿋꿋하게 견뎌 낼게."

솔이와 프리야 아줌마는 놀란 눈으로 나를 쳐다봤다가 둘 다 웃음을 터뜨렸어요.

"하하하. 무슨 소릴 하는 거야? 난 너랑 평생 살 거야."

솔이가 말했어요. 그러고는 덧붙였어요.

"계속 울어. 평생 울보 가영이라고 놀릴 거니까."

세계 공정 무역의 역사

1960
1960년대 영국의 '옥스펌' 등이 동유럽 생산자들의 경제적 회복을 지원하면서 본격화됨.

1969
네덜란드에 첫 번째 제3세계 가게가 생김.

1970~1980
영국의 '트레이드 크래프트', 독일의 '게파'를 중심으로 공정 무역이 활성화됨.

1946
미국의 '텐 사우전드 빌리지'가 푸에르토리코의 자수 제품을 구매함으로써 공정 무역이 시작됨.

1988
네덜란드의 '막스 하벨라르(Max Havelaar) 재단'이 멕시코산 공정 무역 커피에 '막스 하벨라르' 라벨을 부착함으로써 공정 무역의 인증 마크가 탄생함.

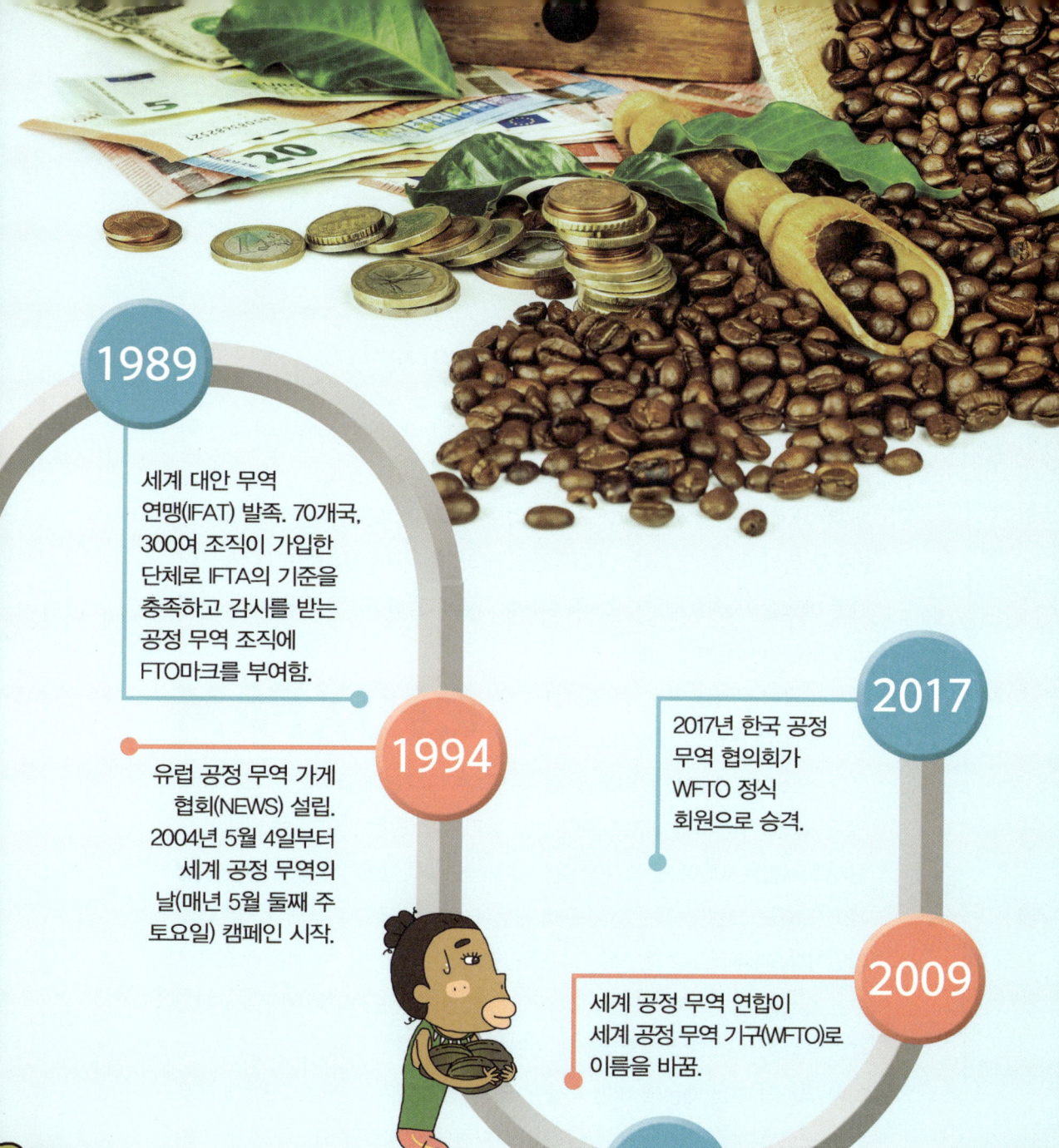

1989 세계 대안 무역 연맹(IFAT) 발족. 70개국, 300여 조직이 가입한 단체로 IFTA의 기준을 충족하고 감시를 받는 공정 무역 조직에 FTO마크를 부여함.

1994 유럽 공정 무역 가게 협회(NEWS) 설립. 2004년 5월 4일부터 세계 공정 무역의 날(매년 5월 둘째 주 토요일) 캠페인 시작.

1997 공정 무역 인증 기구 FLO 창설. 생산자들은 화학 비료의 사용 금지, 쓰레기 처리, 토양과 물의 보호, 유전자 조작 식물 사용 금지, 생산물 납품 요구에 맞는 생산 등의 요구 조건을 충족해야 함.

2009 세계 공정 무역 연합이 세계 공정 무역 기구(WFTO)로 이름을 바꿈.

2017 2017년 한국 공정 무역 협의회가 WFTO 정식 회원으로 승격.

공정 무역은 원조일까, 무역일까?

공정 무역은 1946년, '텐 사우전드 빌리지(Ten Thousand Villages)'라는 미국의 시민 단체로부터 시작되었어요.
제2차 세계 대전 중 유럽 강대국의 침략으로 폐허가 되어 버린 약소국과 난민들을 돕기 위해서였지요. 텐 사우전드 빌리지는 푸에르토리코의 여성들이 만든 바느질 제품을 대량으로 구매하여, 그들의 생활이 나아지는 데 조금이라도 도움이 되길 바랐어요.

하지만 공정 무역을 본격적으로 시작한 건 1960년대 영국의 옥스팜(Oxfam)이
에요. 옥스퍼드에 본사를 두고 있는 옥스팜은 1942년에 결성되었어요. 영국의 옥스퍼드 주민들이 그리스 난민들을 돕기 위해 만든 빈민 구호 단체였죠. 현재 옥스팜은 100여 개 국가에 약 3000개의 제휴 협력사와 구호 활동을 펼치고 있지요. 그런데 이 단체는 구호 활동에 드는 비용을 기부에만 의존하지 않았어요. 자체적으로 중고품 가게를 만들었죠. 이 가게에서 버는 수입으로 구호 활동을 펼쳤다가 '공정 무역'까지 하게 된 거예요. 이후 세계 곳곳에서 수많은 공정 무역 단체가 활동하게 되었답니다.

이런 역사적 과정 때문에 어떤 이들은 공정 무역을 가난한 생산자에게 베푸는 것으로 생각하기도 해요. 가난한 생산자들에게 원조를 베풀어 그들이 빈곤하지 않도록 돕는다는 거죠. 또 공정 무역 제품을 구매함으로써, 가난한 나

라의 농민을 돕는다는 생각으로 일반 제품보다 더 비싼 공정 무역 제품을 구매하는 소비자도 있어요.

어떤 이들은 공정 무역을 원조가 아니라고 분명하게 주장해요. 노동자나 농민이 자신의 힘으로 일하고 정당한 대가를 받는 것이니까요.

공정 무역을 하기 전엔 아무리 열심히 일해도 정당한 대가를 받지 못한 사람들이 많았어요. 생산자를 보호하지 못하는 사회 시스템 때문이었지요. 공정 무역은 바로 이러한 시스템을 올바른 방향으로 유도하려는 사회 운동이에요. 그래서 공정 무역은 원조가 아니라 무역이라고 말하는 것이랍니다.

여러분 생각은 어떤가요? 공정 무역은 원조일까요, 무역일까요?

선 긋기

공정 무역엔 여러 가치에 따른 행동 원칙이 있답니다. 각 가치에 맞는 행동 원칙을 선으로 이어 보세요.

공정 무역의 가치

 1 공정함

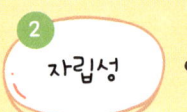 2 자립성

 3 투명성

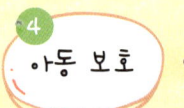 4 아동 보호

 5 차별 금지

6 환경 보호

행동 원칙

가. 공정 무역 단체는 조직을 운영할 때 숨기는 것이 없어야 해요.

나. 아이들이 열악한 환경에서 일하지 않도록 해요.

다. 같은 일을 했을 경우, 여성이 남성보다 적은 임금을 받지 않도록 해요.

라. 생산물을 만들 때 온실가스 배출을 최소화해요.

마. 생산자가 만든 생산물엔 정당한 가격을 지급해요.

바. 생산자가 지속 가능한 생산물을 만들 수 있게 역량 강화에 도움을 줘요.

정답: ①-마, ②-바, ③-가, ④-나, ⑤-다, ⑥-라

공정 무역,
좋은 세상을 꿈꾸다

🦉 갈수록 깊어지는 호기심

"어, 엄마가 없네? 오늘따라 왜 이렇게 늦으시지?"

인도 여행은 생각보다 길었어요. 그래서 엄마가 먼저 집에 와 있는 줄 알았어요. 야단맞을 각오도 했죠. 저녁 늦게까지 어딜 돌아다닌 거냐고 물으면, '잠시 산책하고 왔어.'라고 둘러댈 생각이었어요. 그런데 집엔 아무도 없었어요.

"다행이다."

나도 모르게 안도의 한숨이 나왔어요. 집에 돌아오기 직전까지 펑펑 운 탓에 눈꺼풀이 벌겋게 부어 있었거든요. 이 모습을 봤다면 엄마는 바로 물었을 거예요. '왜 울었어? 무슨 일이야?' 그럼 난 인도에 다녀왔다는 말을 하지 못하고 우물거렸을 거예요.

"정말 다행이네. 그런데 이젠 좀 괜찮아?"

아까 놀린 것과 달리 솔이가 걱정스레 물었어요.

"응. 넌? 넌 괜찮아? 또 엄마와 헤어지게 되었잖아."

"나도 괜찮아. 엄마가 보고 싶으면 또 가면 되지."

"그래, 또 같이 가자. 보고 싶을 때마다 말해. 알았지?"

"응."

우린 서로 쳐다보며 헤헤 웃었어요.

"어? 그런데…… 저건 뭐야?"

솔이가 냉장고를 가리키며 물었어요. 솔이의 시선을 따라 고개를 돌려 보았어요. 냉장고 문에 쪽지가 붙어 있었어요. 나는 얼른 쪽지를 읽어 봤어요.

"엄마가 쓴 거네. 우리가 없는 동안 집에 왔다 갔나 봐. 아! 나 엄마가 어디 갔는지 알았어."

"어디 갔는데?"

"공항. 삼촌이 한국에 왔대. 공항에 마중 나간 거야."

"와! 정말? 동형이 삼촌이 와?"

"그런가 봐."

우린 너무 좋아서 펄쩍펄쩍 뛰기까지 했어요.

3장 공정 무역, 좋은 세상을 꿈꾸다

"맞다. 이럴 때가 아니다. 삼촌이 오기 전에 삼촌이 쓴 책을 읽자."

"공정 무역 책 말이지?"

"응. 예전엔 관심이 없어서 안 봤는데…… 지금은 막 공부하고 싶어졌어."

나는 삼촌이 쓴 책, 『공정 무역, 착한 경제』를 펼쳤어요. 솔이도 내 옆에 딱 달라붙어 이렇게 물었어요.

"어, 이 그림 예쁘다. 이거 뭐야?"

"공정 무역 마크래. 이건 1997년에 생긴 거네. 세계 공정 무역 상표 기구(FLO)에서 공정 무역 제품은 이 마크를 달게 해 줘."

"공정 무역 초콜릿도 바로 찾을 수 있겠네."

"예쁘지? 중간의 검은 색은 희망, 오른쪽의 파란색은 가능성, 왼쪽의 연두색은 성장. 와! 의미도 좋다. 그치?"

솔이는 아무 대답도 하지 않고 자기 몸을 요리조리 살피고 있지 뭐예요.

"뭐 해?"

"어, 그게…… 내 등 좀 봐 줄래?"

"왜?"

"호, 혹시 나도 공정 무역 마크가 있을 수 있잖아."

"아!"

나는 얼른 솔이의 등을 살펴봤어요. 하지만 아무것도 없었어요.

"마크 같은 건 안 보이는데…… 아! 옆구리에 있다. 솔아, 옆구리에 마크가 있어."

"정말?"

솔이는 머리와 몸이 하나로 붙어 있어요. 그래서 고개를 돌리진 못하고 눈동자를 굴려 왼쪽 옆구리를 보려 애썼어요. 그 모습이 어쩐지 우스워서 나도 모르게 픽 웃고 말았어요.

"너, 못됐다."

"또, 왜?"

"난 이렇게 힘든데. 웃었어."

"아, 미, 미안. 하지만 너무 귀여워서. "

"내가 귀여워?"

"당연히 귀엽지. 네가 귀여우니까 우리 삼촌도 널 데려온 거잖아. 내가 귀여운 거 진짜 좋아하거든."

"흠…… 진짜지?"

"그런데 귀엽다는 말이 좋아?"

"당연히 좋지."

"왜?"

"내가 계속 귀여워야 날 안 버릴 거잖아."

세상에. 솔이는 어떻게 내가 자기를 버릴 수 있다고 말하는 걸까요? 너무 놀란 나머지 입을 다물 수가 없었어요.

솔이의 공정 무역 상식

공정 무역 마크의 의미

공정 무역 상품은 초콜릿, 커피, 바나나, 과자, 축구공, 목화, 비누, 의류, 가방, 액세서리 등 그 종류도 다양해요. 공정 무역 제품은 생산 단계부터 제조, 공급, 판매에 이르기까지 전 단계에서 추적이 가능해요. 생산자가 누군지, 어떻게 만들었는지, 공정 무역 기준에 맞는지 아닌지 등을 알아볼 수 있답니다. 그래서 공정 무역 마크가 부착된 상품은 믿고 쓸 수가 있는 거예요.

FLO 마크 국제 공정 무역 상표 기구

- 공정 무역으로 생산된 제품을 인증(커피나 바나나 등 단일 제품은 100%, 복합 제품은 최소 20% 이상 공정 무역 원료를 사용).
- 해당 제품의 생산, 제조, 공급, 판매 전 단계를 추적.
- 개별 제품 하나당 각각 인증 필요.

WFTO 마크 세계 공정 무역 기구

- 공정 무역 10대 원칙을 준수한 조직을 인증.
- 조직 활동 전체가 빈곤과 불평등 타파를 위한 공정 무역 활동을 실천하고 있는지 검증.
- WFTO의 멤버로 승인되면 조직의 모든 제품에 마크 사용 가능.

3장 공정 무역, 좋은 세상을 꿈꾸다

🦉 공정 무역 같은 관계

"너, 너……. 나를 어떻게 보고?"

난 정말 화가 났어요. 그래서 잔뜩 얼굴을 찌푸리고 큰 소리를 내고 말았죠.

"미안. 그런 말을 하는 게 아니었는데……."

솔이는 내 표정을 보고는 바로 사과했어요.

"그런 생각은 절대 하지 마. 난 결코 너랑 헤어지지 않을 거니까. 솔아, 알았지?"

"응."

솔이는 대답과 달리 여전히 우울한 표정이었어요.

"나도 너처럼 사람으로 태어났으면 좋았을 텐데. 아니면 네가 나처럼 인형으로 태어나든가. 그럼 우린 지금보다 더 서로를 이해할 수 있지 않았을까?"

나는 그만 솔이를 부둥켜안고 말았어요. 솔이가 정말 슬퍼 보였거든요. 하지만 곧 솔이의 눈을 똑바로 바라보며 부드럽게 말했어요.

"우린 서로 다르니까 이해하려고 노력하잖아. 그게 중요한 거야."

"다르지 않다면 이해하려 노력할 필요도 없잖아."

순간, 솔이의 말에 넘어갈 뻔했지만 곧 이런 생각이 들었어요.

'엄마와 나도 서로 이해하려고 노력해. 엄만 인형이 아니잖아. 그래도 우린 서로 생각이나 입장, 상황을 이해하려 노력하고 있어.'

그러고 보니 누구도 아무 노력을 하지 않으면 서로를 이해할 수 없다는 생각도 들었어요.

"우린 다 달라. 네가 사람이거나, 내가 인형이어도 마찬가지야. 함께 사는 한 우린 서로를 이해하기 위해 노력해야 해."

"그런가……?"

"아! 그러고 보니 우리 관계도 공정 무역 같지 않아?"

"정말? 왜?"

"공정 무역은 더 좋은 세상을 만들기 위해 노력하는 거잖아. 우리도 서로 더 좋은 관계를 위해 노력하고 있고. 그러니까 너와 난 공정 무역과 같은 관계야. 솔아, 앞으론 그런 말 하지 마. 내 마음이 너무 아프단 말이야."

"알았어. 아깐 미안."

"나도 미안."

"어? 넌 왜?"

"내가 믿음을 못 줬잖아. 공

3장 공정 무역, 좋은 세상을 꿈꾸다

정 무역 마크처럼 눈에 보이는 거면 좋았을 텐데…….”

"뭐래?"

솔이는 그제야 살짝 웃었어요.

우린 다시 책에 집중하기 시작했어요. 책을 읽다 보니 마치 여행을 다니는 느낌까지 들었어요. 내가 몰랐던 세상이 삼촌이 쓴 책에 가득 담겨 있었죠.

"어, 우리나라에도 공정 무역 제품이 많이 있구나."

"어, 그러네? 우리나라에서 최초로 만들어진 공정 무역 패션 브랜드도 있어. 우리 나중에 여기 가서 옷 사자."

솔이가 한껏 들떠서 말했어요. 솔이는 옷에 관심이 많아요. 그래서 내가 직접 솔이의 옷을 만들어 준 적도 있어요. 하지만 이곳에선 솔이가 입을 만한 옷을 팔진 않을 거예요. 그 사실을 알면 솔이가 슬퍼할 것 같아서 이렇게 물었어요.

"내가 만들어 준 옷은 싫어?"

"아, 아니. 그건 아닌데…….”

"그럼 내가 더 예쁜 옷을 많이 만들어 줄게."

솔이는 실망한 표정을 감추지 못했어요. 사실 난 손재주가 좋은 편은 아니에요. 그래서 내가 만들어 준 옷이 별로 예쁘지 못하다는 것도 알고 있어요. 하지만 현실적으로 솔이에게 맞는 옷을 파는 곳이 없는걸

솔이의 **공정 무역 상식**

공정 무역 상품, 어디서 구입할 수 있을까?

공정 무역 제품이라고 해서 무턱대고 구입하기보다는 생산 환경을 꼼꼼하게 따져 보는 것이 필요해요. 공정한 최저 가격과 공정 무역 공동체 발전 기금을 보장하고, 아동 강제 노동 금지, 차별 금지 및 결사의 자유 보장, 투명하고 장기적인 거래 파트너십, 생산지 환경과 생산자 건강을 해치지 않는 생산 방식 등 공정 거래 원칙을 제대로 지키고 있는지 살펴보아야 하죠.

그런데 우리는 이런 걸 제대로 확인하기 어려우니, 한국 공정 무역 단체 협의회에 소속된 제품을 이용하면 돼요.

아름다운커피, 기아 대책 행복한나눔(비마이프렌드), 두레생협 APnet, 아시아 공정 무역 네트워크, 아이쿱생협, 페어트레이드코리아 그루, 한국 YMCA 피스커피, 더페어스토리, 어스맨, 얼굴 있는 거래 등의 단체죠. 이들 회사 홈페이지에서 제품의 내용과 함께 살펴보면서 구입하면 된답니다.

3장 공정 무역, 좋은 세상을 꿈꾸다

요. 그 사실을 알리는 것도 왠지 미안한 마음이 들었어요.

"진짜야, 열심히 노력해서 세상에서 제일 예쁜 옷을 만들어 줄게."

나는 큰소리를 탕탕 쳤지요.

너와 함께라면 어디든 좋아

"정말 멋지다. 알면 알수록 멋진 것 같아."

나는 책을 읽을수록 공정 무역 전문가가 되고 싶다는 생각이 더 간절해졌어요.

"하하하. 그렇게 좋아?"

솔이가 물었어요.

"응. 재미있어. 많은 사람이 공정한 세상을 만들기 위해 노력하고 있잖아. 그리고 환경까지 생각해서 좋아."

"환경? 공정 무역이 환경도 생각해?"

"뭐야? 벌써 잊었어? 공정 무역 10가지 원칙에도 있었잖아. 공정 무역은 환경을 보호한다고."

"아! 기억나."

"그러니까 공정 무역은 노동 착취를 하지 않으면서 환경을 보호하는 무역이야. 어떻게 멋지지 않을 수 있겠어?"

"하하하, 그러네. 그런데 환경을 어떻게 보호해?"

솔이가 물었어요.

"어…… 그건…… 친환경적인 생산 방식을 사용해서……."

"친환경적인 생산 방식은 뭔데?"

"그건……."

기대감에 가득 찬 솔이에게 멋지게 설명해 주고 싶었어요. 하지만 그럴 수 없었어요. 환경 보호는 공정 무역 10가지 원칙 중 하나라는 것만 알고 있었으니까요. 그래서 우물쭈물하는데 현관문이 열리는 소리가 들렸어요. 우리는 누가 먼저라고 할 것도 없이 현관문을 쳐다봤어요.

"삼촌이다!"

나는 현관으로 들어서는 삼촌을 향해 뛰어갔어요.

"삼촌!"

사실 삼촌을 못 본 지 2개월밖에 되지 않았어요. 그런데도 마치 2년 만에 만난 것처럼 반가웠어요.

"우리 가영이, 잘 있었지?"

삼촌은 반갑게 나를 안아 주었어요.

"응. 보고 싶었어."

나는 환하게 웃으며 말하다 고개를 돌려 뒤를 쳐다봤어요. 솔이는 인

형답게 그 자리에 가만 앉아 있었어요. 하지만 나는 알고 있었죠. 솔이 역시 나처럼 삼촌에게 달려와 안기고 싶어 한다는 걸요. 그래서 얼른 솔이를 삼촌 앞으로 데려왔어요.

"삼촌, 솔이도 기다렸대."

"솔이도? 그랬구나. 고맙네."

삼촌은 솔이의 머리를 쓰다듬으며 웃었어요.

"고마워."

솔이가 말했어요. 하지만 삼촌은 솔이의 목소리를 듣지 못해요. 삼촌 뒤에 서 있는 엄마도 솔이가 말하는 것을 듣지 못하고요. 그래서 솔이는 우리가 재미있게 노는 동안 거실 한구석에 가만 앉아 있기만 했어요.

"삼촌도 네가 살아 있는 인형이라는 것을 알면 좋겠는데. 그냥 말하는 게 어떨까?"

내 방에 들어오자마자 솔이에게 물었어요. 그러자 솔이는 고개를 푹 숙였어요.

"왜, 안 돼?"

내가 다시 물었어요.

"내가 할 수 있는 일이 아니야."

솔이가 시무룩하게 말했어요.

"뭐? 왜? 나도 너랑 대화하잖아. 너희 엄마도. 그런데 왜 우리 엄마와 삼촌은 안돼?"

"나도 몰라. 그냥 이 세상엔 나를 알아봐 주는 사람은 별로 없는 것 같아."

"아……!"

"그래서 사람이 되고 싶었던 건데……."

나는 정말 솔이의 마음을 모르고 있었나 봐요. 솔이의 마음을 이해하려 노력하는데도 계속 모르고 있어요. 내가 솔이처럼 인형이라면, 그랬다면……. 나도 모르게 아까 솔이가 한 말을 꺼낼 뻔했어요. 그때 솔이가 부드러운 날개로 내 볼을 살짝 쓰다듬었어요.

"마음 아파하지 마. 네가 나를 알아줬잖아. 그리고 우리 엄마도 나를 알아줬고."

"어, 응. 아! 우리, 지금 여행 가자."

"어? 왜?"

"여행지에서 너를 알아보는 사람을 찾는 거지. 그럼 이 세상에 너를 알아봐 주는 사람들이 더 많이 늘어날 테니까."

"아! 좋은 생각이다. 어디 가고 싶어?"

"넌?"

"난…… 네가 가고 싶은 곳에 갈 거야."

"헤헤. 나도 그래."

"일단 올라타!"

솔이는 자기 몸을 크게 키우곤 날개를 퍼덕였어요.

"여행은 자유롭게, 마음껏 날다가 가고 싶은 곳에 가자."

나는 얼른 솔이의 등에 올라탔답니다.

솔이의 공정 무역 상식

환경을 생각하는 공정 무역

지구는 매우 아파요. 우리가 먹는 음식, 우리가 입는 옷, 우리가 타고 다니는 자동차 등을 만들기 위해서 사람들이 지구 환경을 파괴해 왔기 때문이죠. 그래서 공정 무역은 지구를 덜 아프게 할 방법을 생각해요.

이를테면 농사짓는 농민들은 친환경적인 방식으로 곡물을 재배하죠. 농약을 쓰지 않고 화학 비료를 뿌리지 않아요. 이러한 방식은 지구 환경뿐 아니라 농민과 소비자의 건강도 지킨답니다.

우리나라에선 언제부터 공정 무역을 시작했을까?

1950년대 미국, 영국 등의 유럽에서 공정 무역이 활성화되기 시작했어요. 당시 우리나라는 6·25 전쟁으로 폐허가 된 나라를 복구하던 때였어요. 그래서 공정 무역은 생각할 수도 없었죠. 우리나라가 공정 무역에 관심을 가진 건 2000년대 초반이에요. 그 시작은 2002년에 생긴 아름다운커피였어요.
이후로 공정 무역 단체나 기업이 많이 생기기 시작했지요. 이를 바탕으로 우리나라에서도 한국 공정 무역 협의회(KFTO)가 만들어졌답니다. 한국 공정 무역 협의회는 2012년 4월에 설립되었어요. 한국 공정 무역 협의회는 공정 무역을 '지속 가능한 대안을 제시하는 사회적 경제 운동'으로 생각하고 있어요. 그래서 공정 무역이 우리들의 일상이 되어야 한다고 말하죠. 하지만 우리나라에선 아직 공정 무역 제품을 쉽게 살 수 없어요. 우리가 흔히 가는 마트나 백화점에서 공정 무역 제품을 팔고 있지 않기 때문이에요.
공정 무역 제품을 파는 곳은 한정되어 있어요.
하지만 많은 사람이 공정 무역 제품을 원하게 되면, 이러한 가게들도 더 많아질 거예요. 그러기 위해선 공정 무역을 많이 알려야겠죠? 공정 무역 10가지 원칙 중 하나가 '공정 무역을 되도록 많은 사람에게 알려요.'인 이유도 바로 여기에 있답니다.

한국 공정 무역의 역사

2002
아름다운가게 내에서 공정 무역 사업 기획.

2003
아름다운가게가 아시아에서 수공예품을 수입하여 판매하면서 공정 무역을 본격적으로 시작함.

2004
두레생협 연합회가 필리핀 마스코바도 설탕을 공정 무역으로 수입.

2006
한국 최초 공정 무역 원두 커피를 아름다운가게에서 출시.

2007
여성 환경 연대를 중심으로 공정 무역 주식회사 〈페어 트레이드 코리아〉 설립.

2009
아름다운가게가 공정 무역 브랜드 '아름다운커피' 론칭.

2012
한국 무역 단체 협의회(KFTO) 발족.
서울시 공정 무역 도시 지정.

공정 무역이 정말 경제 질서를 혼란하게 만들까?

시장에 나오는 제품은 수요와 공급에 따라 가격이 정해져요. 이를테면 바나나를 사려는 사람이 100명인데, 살 수 있는 바나나는 50개예요. 그럼 바나나 가격은 높아지겠죠. 반대로 바나나는 100개인데, 바나나를 사려는 사람은 50명이에요. 그럼 바나나 가격은 낮아지죠. 이것을 수요와 공급의 법칙이라 해요.

그런데 공정 무역은 수요와 공급에 따라 가격이 결정되지 않아요. '바나나를 사려는 사람이 100명이니 바나나를 100개 만들어야지.' 같은 생각으로 바나나를 생산하지도 않죠.

공정 무역이 중요하게 생각하는 건 '바나나 농부가 바나나를 생산해서 팔 때 정당한 이익을 남길 수 있어야 한다.'예요. 그래서 바나나를 무조건 싸게 팔지 않아요.

공정 무역 제품이 일반 제품보다 가격이 다소 비싼 것은 농부나 노동자에게 정당한 대가를 주려고 노력하기 때문이에요. 그런데 한 단체에선 '공정 무역이 기존의 경제 시장을 파괴할 수도 있다.'는 연구 결과를 냈어요.

공정 무역 상품은 가격이 높게 측정되기 때문에 많은 사람이 공정 무역 상품만을 만들려 한다고 주장했지요.

예를 들어 공정 무역을 통해 바나나의 가격이 높아지면, 주변의 다른 농부들도 바나나만 재배하게 된다는 거예요. 파인애플이나 사탕수수를 재배한

아름다운 공정 무역

농민도 바나나 농사를 지으면 바나나는 시장에 넘쳐 나겠죠? 그리고 파인애플이나 사탕수수는 줄어들 거예요. 그 때문에 파인애플과 사탕수수의 가격이 높아질 수도 있어요. 그래서 사람들은 이전보다 더 비싼 가격을 주고 파인애플과 사탕수수를 사게 될 수도 있고요.

이런 문제점도 있어요. 공정 무역을 하는 단체나 기업은 공정 무역으로 큰 이득을 보는데, 농민이나 노동자는 생각보다 많은 임금을 받지 못하는 경우도 있었죠.

그런데 이런 문제점이 있다고 공정 무역을 하지 말아야 하는 걸까요? 여러분의 생각은 어떤가요? 또 문제점을 극복하기 위해서 어떤 방법을 마련해야 하는지 등에 대해 생각해 보아요.

3장 공정 무역, 좋은 세상을 꿈꾸다

선 긋기

세계에는 좀 더 나은 세상을 만들고자 노력하는 국제 기구들이 있어요. 각 기구에 맞는 설명은 무엇인지 선을 그어 보아요.

1. 국제 노동 기구(ILO)
2. 그린피스
3. 세계 공정 무역 기구(WFTO)
4. 세계 무역 기구(WTO)
5. 아시아 태평양 경제 협력 기구(APEC)
6. 세계 보건 기구(WHO)

가. 경제적으로 소외된 생산자들의 생계를 향상시키기 위해 노력하는 글로벌 협회입니다.

나. 세계인이 건강한 삶을 살 수 있도록 고민하고, 전염병 등에 대한 대책을 후원합니다.

다. 국제 무역을 확대하고, 회원국 간의 통상 분쟁을 원만하게 해결하고자 합니다.

라. 세계 노동자들의 노동 조건과 생활 수준을 보장함과 동시에 개선하고자 합니다.

마. 지구 환경을 지키고자 많은 활동을 펼치고 있는 '국제 환경 보호 단체'입니다.

바. 아시아 및 태평양 연안 국가 간의 경제 협력을 목표로 설립된 국제기구입니다.

정답: ①-라, ②-마, ③-가, ④-다, ⑤-바, ⑥-나

4장

아직 어린데 일을 한다고?

🧺 카카오 농장에서 일하지만 꿈이 있어

코피는 가나의 한 농장에서 카카오 열매를 온종일 딴대요. 어제도 그랬고, 한 달 전에도 그랬죠. 일곱 살 때부터 열한 살이 된 지금까지 카카오 농장 일을 단 하루도 쉰 적이 없어요. 가영이는 이 이야기를 삼촌에게 들었어요. 삼촌은 이번에 가나에 갔다가 카카오 농장에서 일하는 코피를 만났대요.

"이 아이가 코피야. 귀엽지?"

삼촌이 보여 준 사진 속 아이는 나이보다 더 어려 보였어요.

"얘가 열한 살이라고?"

"응. 너보다 한 살 어리지."

삼촌이 보여 준 코피의 사진들 중 해맑게 웃고 있는 사진이 있었어요. 이 아이가 매일 노동에 시달리고 있다는 게 믿기지 않았어요.

"만약 내가 이 아이라면 매일매일 슬픈 얼굴이었을 거야. 그런데 이 아인 어쩜 이렇게 예쁘게 웃을 수 있지?"

삼촌에게 물었어요. 정말 궁금했거든요.

"코피는 꿈이 있어. 그래서 웃을 수 있는 거지."

"진짜?"

놀라서 묻는 내 옆에서 솔이도 궁금했는지 귀를 쫑긋 세우고 삼촌 말을 듣고 있었어요. 나는 솔이를 살짝 쓰다듬어 주었어요. 그러자 솔이가 날개 끝으로 내 손가락을 살짝 잡았어요.

"그럼, 진짜지. 지금은 일하고 있지만 너와 똑같은 아이잖아. 당연히 꿈을 가지고 있지."

"아! 미안."

"하하하. 왜 나한테 미안하다고 하는 거야?"

"그게…… 난 일하는 아이들은 꿈도 없을 줄 알았어."

내가 이렇게 말하자 솔이가 옆에서 "나도, 나도."라며 나만 들을 수 있는 소리로 말했어요.

"그건 편견이지. 그래도 잘못을 빨리 인정해서 기특하다."

"그런데 마음이 더 안 좋아. 놀고 싶은 것도 꾹 참고 일하는 거잖아.

또 꿈을 이루기 위해선 공부도 해야 하는데……. 학교도 못 가고 일하는 거잖아. 코피는 나중에 뭐가 되고 싶대?"

"선생님."

"선생님?"

"응. 카카오 농장에서 일하는 아이들을 가르치는 선생님이 되고 싶대. 카카오나무의 원산지는 아프리카야. 기후가 따뜻한 곳에서 잘 자라지. 그래서 가나, 코트디부아르, 나이지리아 등의 서아프리카에 카카오 농장이 많아. 아프리카의 많은 아이들이 이런 농장에서 일하고 있는데 대부분은 교육의 기회를 받지 못하고 있어. 그래서 글을 읽지 못하는 아이도 많아. 코피는 이런 상황이 너무 마음 아프대. 자기가 열심히 공부해서 어른이 된 후엔 카카오 농장에서 일하는 아이들에게 글을 가르쳐 주고 싶대. 일단 글을 배워야 다른 공부도 할 수 있으니까."

"아!"

나는 코피 사진을 뚫어지게 쳐다봤어요.

"이 아이가 보고 싶어?"

솔이가 물었어요.

"어, 보고 싶어."

나는 삼촌이 바로 옆에 있다는 것을 잊은 채 대답했어요.

"뭐?"

삼촌이 물었어요.

"아, 아무것도 아니야. 그냥……."

나는 코피 사진에서 눈을 떼지 못했어요.

"코피가 행복했으면 좋겠어."

"나도, 나도."

솔이가 옆에서 말했어요.

"삼촌도 그래. 코피뿐 아니라 세상 모든 아이가 행복했으면 좋겠구나. 어른들이 그렇게 될 수 있도록 노력해야 하는데……."

삼촌은 어쩐지 씁쓸한 표정을 짓고는 내 머리를 쓰다듬었어요.

"그런 세상을 만들지 못하고 있네."

나는 고개를 갸웃거렸어요. 아이가 일하지 않는 세상을 만드는 게 그렇게 힘든 일일까요? 어른들이 아이를 지켜 주고 보호하는 게 그렇게 힘든 일일까요? 아무리 생각해도 이해할 수 없었어요. 그래서 나도 모르게 이런 말이 툭 튀어나왔어요.

"그런 세상을 만들면 되잖아."

삼촌은 살짝 놀란 표정을 지었어요. 그러더니 곧 하하 웃으며 이렇게 대답했어요.

"그래, 네 말이 맞아. 그런 세상을 만들면 되지."

"삼촌, 나도 그런 세상을 만드는 데 참여할 거야."

솔이의 공정 무역 상식

아동 노동 금지법

국제 노동 기구(ILO)에선 1999년 18세 미만의 미성년이 가혹한 노동을 하지 못하도록 법을 만들었어요. 우리나라 아동법도 아이들이 일하는 것을 금지하고 있어요. 모든 아이는 보호받고 교육받을 권리가 있으니까요. 그런데 안타깝게도 모든 국가가 그렇게 하고 있지는 않아요.

특히 가난한 나라의 아이들은 대체로 학교보다는 일터에 가 있죠. 부모가 아픈 경우, 부모가 일자리를 잃은 경우, 부모가 없는 경우의 아이들은 먹고살기 위해 일터로 나갈 수밖에 없는 거예요.

 **아이들이 일하지 않아도 되는 세상**

"그럼 이 초콜릿도 코피가 딴 카카오나무 열매로 만든 거야?"

삼촌은 그건 아니라고 했어요.

"그 초콜릿은 공정 무역 제품이야. 공정 무역 제품은 아동 노동을 금지하고 있어."

"아! 맞다. 깜박했어. 공정 무역 10가지 원칙에도 있잖아."

"그걸 알고 있어?"

"응. 프리야 아줌마……. 흡."

이렇게 말하는데 솔이가 갑자기 내 입을 막았어요. 물론 삼촌 눈엔 보이지 않았죠.

"프리야 아줌마?"

"아, 아니. 그냥 알고 있어. 내가 누구 조카인데. 모르면 이상하지."

"하하하. 우리 조카는 정말 똑똑하다니까."

"그런데 코피는 꼭 일해야 하는 거야? 일하지 않고 놀면 안 돼? 공부하면 안 돼?"

"코피도 그러고 싶어 했어. 하지만 가족을 먹여 살리기 위해 어쩔 수 없이 하는 거지. 코피에겐 동생이 3명이나 있어. 그런데 코피 아빠는 아파서 움직이질 못해. 코피 엄마가 온종일 일하지만 하루에 오천 원도 못 벌어. 그 돈으로 코피 아빠 병원비, 약값도 내야 하고, 가족들이 먹을 음식도 사야 하지. 그런데 턱없이 돈이 부족하니까 코피까지 일하는 거야."

"아……."

"심지어 코피는 자신이 일할 수 있어서 다행이라고 했어. '만약 이 일이라도 하지 않았다면 우리 가족은 굶는 날이 훨씬 많았을 거예요.'라고 하는데…….."

삼촌은 뒷말을 흐렸어요.

나도 뭐라 할 말이 없었어요. 일할 수 있어 다행이라니. 이제 겨우 열한 살인데. 어떻게 이런 말을 할 수 있는 걸까요?

"마음이 아파."

삼촌은 내 머리를 쓰다듬어 주었어요. 엄마도 그렇지만 삼촌도 내가 아프거나 다치기라도 하면 걱정을 많이 해 줘요. 그래서 난 항상 보호 받는 느낌으로 살고 있어요. 그런데 코피는…….

나는 사진 속 코피를 가만 쳐다봤어요. 밝게 웃고 있는데도 그 눈은 슬퍼 보였어요. 그런데 어째서 처음엔 그저 밝게 웃고만 있다고 생각했을까요?

"나도 그렇게 생각했어. 그러니까 자책하지 마."

솔이가 옆에서 말했어요.

"너도?"

"응. 아이니까. 아이라서 당연히 밝게 웃는 줄로만 알았지."

"그래, 그랬구나……."

이번에도 나는 삼촌이 바로 옆에 있는 것을 까맣게 잊어버리고 중얼거렸어요.

"가영아."

삼촌이 불렀어요.

"응?"

"너, 혹시 이 아이와 대화하는 거니?"

삼촌이 솔이를 가리키며 물었어요. 나와 솔이는 깜짝 놀란 나머지 삼촌을 말똥말똥 쳐다보기만 했어요.

"어, 어. 어떻게 알았어?"

삼촌은 대답 대신 솔이를 가볍게 안아 들고는 요리조리 살피기 시작

솔이의 공정 무역 상식

세계 아동 노동 반대의 날, 6월 12일

국제 노동 기구(ILO)가 2020년 유니세프와 공동으로 발표한 자료에 따르면, 전 세계 노동 현장에서 일하고 있는 아동이 1억 5200만 명이라고 해요. 이 중 절반이 5~11세 아이들이에요.

강제 아동 노동은 어른들이 아이들에게 강제로 일을 시키는 것을 말해요. 부모의 빚 대신 끌려온 아이들도 있고, 납치당한 아이들도 있어요. 이 아이들은 열악한 환경에서 노예처럼 일만 하고 있죠. 세계의 많은 시민 단체가 강제로 노동하는 아동을 구출하는 활동을 펼치기도 해요. 하지만 시민 단체가 모든 아이를 구하는 것엔 한계가 있어요. 코코아 생산량 세계 1위인 코트디부아르에서는 가계 수입이 10% 줄 때마다 아동 노동 인구가 5% 늘어나는 것으로 나타났다고 해요. 재난으로 인한 경기 침체가 발생하면 성인 대신 아동으로 노동력을 대체하는 현상이 일어나요. 이것은 아동의 임금이 성인보다 훨씬 저렴하기 때문이지요.

2002년 국제 노동 기구(ILO)에서는 '세계 아동 노동 반대의 날'을 만들기도 했어요. 세계가 아동 노동 문제에 좀 더 관심을 가지도록 하기 위해서죠.

했어요.

"정말이구나."

"아, 알고 있었어?"

"응. 솔이를 만든 분이 그러셨거든. 이 아인 영혼이 있는 아이라고. 소중하게 대해 주지 못할 거면 가져가선 안 된다고."

"아!"

나도 깜짝 놀랐지만 솔이는 더 깜짝 놀란 표정이었어요.

"어, 엄마."

솔이는 금방이라도 울 것 같은 표정으로 중얼거렸어요.

"우리 엄마는 처음부터 다 알고 있었어. 그래서 내가…… 잘 지낼 수 있는 곳으로 보내 준 거야."

 안녕, 코피!

내 방으로 돌아온 뒤에도 솔이는 계속 엄마 이야기를 했어요. 엄마가 자신을 얼마나 사랑하고 있는지 알게 되어서 행복하다고요. 지난번 엄마를 만났을 때도 자기가 사랑받고 있는 줄 알았지만, 지금은 엄마 마음을 더 많이 알게 되었다고요.

솔이가 행복해하니 나도 기분이 좋았어요. 하지만 한편으로는 삼촌이 보여 준 사진 속 아이의 얼굴이 계속 머릿속에 남아 마음이 무거웠지요.

"코피도 사랑받고 있을까?"

나도 모르게 이 말이 툭 튀어나오고 말았어요.

"아!"

"코피 부모님이 코피를 사랑한다면 일을 시키지는 않겠지?"

"꼭 그렇진 않을 거야."

"어째서?"

"넌 한국에서 태어났잖아."

"응."

"여기 한국에선 아무리 가난해도 아이들이 일하진 않아. 맞지?"

"응. 법으로 금지되어 있어. 또 아이들이 일하지 않아도 먹고살 수 있으니까."

"하지만 코피가 사는 나라는 다를 수도 있잖아. 코피 부모님이 코피를 사랑하지 않아서가 아니라 뭔가 다른 이유가 있을 수도 있잖아."

"아!"

솔이의 말을 듣고 보니 내 생각이 너무 짧았던 것 같아요. 코피 부모님 사정은 모르고 코피 부모님을 비난한 셈이에요.

"우리 코피 보러 갈까?"

솔이가 제안했어요.

"정말? 나, 코피를 만나 보고 싶어."

"그럴 것 같았어."

솔이는 이렇게 말하며 큰 날개를 펼쳤어요. 이번에도 나는 솔이의 등에 재빨리 올라탔어요. 그러자 솔이는 멋진 날개를 퍼덕이기 시작했어요. 한 번, 두 번…… 그리고 열 번. 방 안의 천장이 뱅글뱅글 돌더니 어

느새 우리는 가나의 카카오나무 농장에 도착했어요.

"와. 향긋한 냄새. 여기가 카카오 농장인가 봐."

카카오 농장엔 카카오나무가 정말 많았어요. 나무마다 카카오 열매도 주렁주렁 달려 있었죠. 그런데 열매를 따는 건 주로 아이들이었어요. 아이들은 하나같이 땀을 뻘뻘 흘리며 일하는 중이었어요. 순간 향긋한 냄새가 나서 좋아한 게 미안해졌어요.

"삼촌 말대로구나. 일하는 애들이 정말 많아."

원래 크기로 돌아와 있는 솔이가 내 품 안에서 중얼거렸어요.

"이렇게 보고 있는데도…… 믿기지 않아."

"하아. 그러게……."

솔이와 나는 그 자리에 가만 서서는 한숨을 내쉬었어요. 그때였어요. 귀여운 여자아이가 내 팔을 톡톡 치는 거예요.

"어, 안녕."

살짝 놀랐지만 인사말이 자동으로 튀어나왔어요.

"처음 보는 언니네. 여기서 뭐 해?"

"아, 코피를 찾고 있었어. 혹시 어디에 있는지 알아?"

"코피 오빠를 찾고 있다고?"

"어, 코피를 알아?"

"응. 나랑 같이 일하는 오빠야."

"뭐? 너도 일해?"

그러고 보니 여자아이는 카카오 열매가 잔뜩 든 무거운 바구니를 들고 있었어요.

"당연하지. 우리 동네 아이들은 다 이 농장에서 일해."

"그, 그렇구나."

"어, 코피 오빠다. 오빠!"

여자아이가 부르는 소리에 지나가던 남자아이가 돌아봤어요. 코피였어요. 사진으로만 봤지만 한눈에 알 수 있었어요. 나는 얼른 코피에게 뛰어갔어요. 그러고는 다짜고짜 물었어요.

"너, 우리 삼촌 알지? 이동형이라고."

"어, 알아. 동형 아저씨가 삼촌이야?"

"응. 우리 삼촌. 삼촌이 너랑 찍은 사진도 보여 줬어. 만나서 반가워, 코피. 만나고 싶었어."

코피는 어리둥절한 표정이었어요. 하지만 곧 사진에서 보았던 것처럼 환하게 웃었어요.

노동에 시달리는 전 세계 아이들

*ILO 글로벌 보고서에 따른 아동 노동자 현황

아프리카

아프리카 지역에선 약 7210만 명의 아동이 일하고 있어요. 이 중 3150만 명의 아동이 위험한 일을 하고 있다고 해요.

라틴 아메리카와 카리브해

이 지역엔 약 1070만 명의 아동 노동자가 있어요. 대부분은 농업 지역에서 일하지만, 쓰레기 처리장, 채광 등 위험한 곳에서 일하는 아이들도 수천 명이나 된답니다.

유럽 및 중앙아시아

유럽 및 중앙아시아는 약 550만 명으로, 다른 지역에 비해 아동 노동자가 많지 않아요. 특히 유럽은 대다수 국가가 선진국이죠. 아동 노동 보호법도 잘 지켜지고 있는 편이랍니다.

아시아와 태평양

아시아 태평양 지역의 아동 노동자 수는 약 6210만 명이에요.

아랍

아랍 지역에선 약 120만 명의 아동이 일하고 있어요. 실제론 더 많은 아이가 일하고 있지만, 통계에 잡히지 않았어요. 그래서 국제 노동 기구(ILO)에서는 훨씬 더 많은 아이들이 아동 노동에 시달리고 있을 것으로 추정한답니다.

토론왕 되기!

우리는 아동 노동을 어떻게 바라봐야 할까?

대부분의 국가는 아동 노동을 법으로 금지하고 있어요. 물론 세계 공정 무역 기구도 원칙적으로 아동 노동을 반대하고 있죠. 하지만 현실은 그렇지 않아요. 수많은 아이들이 노동에 시달리고 있어요. 심지어 다치거나 죽을 수도 있는 위험한 일을 하는 친구들도 있어요. 사람에게 해로운 화학 비료를 아무 보호 장치 없이 만진다거나 장갑도 없이 벽돌을 깨거나 나르는 일을 하죠. 그런데 어른들은 왜 아이들에게 일을 시키는 것일까요? 바로 돈 때문이에요. 아이들은 어른보다 더 낮은 임금을 받고 일해요. 그럼 아이들은 왜 일할까요? 역시 돈 때문이에요. 당장 돈을 벌지 않으면 그날 가족이 먹을 양식을 구할 수 없는 아이들이 많아요. 그래서 아동 노동을 무조건 반대하고 못 하게 하는 것이 어려워요.

가족의 생계를 위해 일하는 아이들에게 '일하지 마. 아이는 공부하고 노는 거야.'라고 말할 수 있을까요? 지금 당장 돈을 벌지 않으면 가족이 굶어 죽을 수도 있는걸요. 그래서 '아동 노동 금지법'이 있어도 아이들은 일하러 나갈 수밖에 없어요.

이런 일이 생기지 않게 하려면 아이들이 일하지 않고서도 먹고살 수 있는 사회를 만들어야 해요. 무엇보다 중요한 건 법이 올바르게 실행되고 아이들을 보호할 수 있는 사회적, 제도적 장치예요. 대부분의 선진국은 사회 보장이 잘 되어 있어요. 우리나라만 하더라도 중학교까지는 의무 교육, 고등학교도 순차적으로 의무 교육을 시행하려고 하고 있지요. 독일의 경우엔 내국인뿐 아니라 외국인도 무료로 대학 공부를 할 수 있어요. 그리고 생계가 힘든 가정은 정부에서 지원을 해 주죠. 아이들이 마음 놓고 공부할 수 있도록 말이지요.

하지만 대부분의 개발 도상국은 이런 제도가 마련되어 있지 않아요. 공정 무역으로 공정한 무역을 하는 것만큼이나 모든 나라가 사회 보장 제도를 잘 만들어 나가는 게 중요해요.

그런데 개발 도상국에서 선진국과 같은 사회 보장 제도를 만드는 데엔 현실적으로 어려움이 많아요. 지금 당장 생계를 위해 일하는 아이들에게 무조건 학교부터 가라고 할 수 있을까요?

그동안 아동이 노동을 하는 것을 여러분은 어떻게 생각했나요? 경제적인 문제이므로 어쩔 수 없다고 생각했나요? 만약 여러분이 부모님 대신 농장이나 공장에서 일하는 상황이 생긴다면 어떨 것 같나요?

선 긋기

많은 단체에서 아동들의 권리를 찾기 위해 노력하고 있어요. 아동과 관련된 사항을 알맞게 선으로 연결해 봐요.

1	유니세프	가. 매년 5월 25일, 실종 아동 문제를 환기하고자 만든 국제적인 기념일입니다.
2	매년 6월 12일	나. 아동 노동과 면화 생산에서 강제 노동을 근절하기 위한 활동입니다.
3	국제 실종 아동의 날	다. 아동이 존중받는 환경 속에서 살아갈 수 있도록 다양한 활동을 펼치는 단체입니다.
4	코튼 캠페인	라. 아동 정책에 대한 종합적인 수행과 아동 복지 관련 사업을 추진하는 곳입니다.
5	국제 아동 인권 센터	마. 세계 아동 노동 반대의 날을 기념해요.
6	아동 권리 보장원	바. 국내외 취약한 아이들을 돕는 단체입니다.

정답: ①-바, ②-마, ③-가, ④-나, ⑤-다, ⑥-라

5장

함께 행복하게 살아요

 초콜릿을 먹어 본 적이 없다고?

　코피는 우리를 자기 집에 초대했어요. 강가에 있는 코피의 집은 방 하나, 부엌 하나만 있는 단층 건물이었어요. 코피의 가족들 모두 이 방에서 지낸대요. 하지만 지금 코피 집에는 아무도 없었어요. 코피 아빠는 병원에 있고, 코피 엄마는 바나나 농장에서 일하고 있어요. 동생들은 옆 동네 외할머니 집에 가 있대요.

　"나를 찾아와 줘서 고마워. 그런데 대접할 게 없네."

　코피가 미안해하며 말했어요.

　"아냐, 아냐. 대접은 무슨. 네가 초대한 것도 아니고 우리가 연락도 없이 온 거잖아. 이렇게 반겨 주는 것만으로도 고마워."

나는 손사래를 치며 말했어요.

"맞아, 맞아."

솔이도 맞장구쳤어요.

"그래도……."

여전히 미안해하는 코피를 보는데, 문득 삼촌이 준 초콜릿이 호주머니에 있는 게 생각났어요.

"아, 맞다! 이건 선물."

초콜릿을 꺼내 코피에게 건넸어요. 그러자 코피는 초콜릿을 가만 내려다보기만 했어요.

'코피는 초콜릿을 싫어할 수도 있겠다.'

문득 이런 생각이 들었어요. 온종일 카카오나무 농장에서 일하다 보면 초콜릿이 지겨울 수도 있잖아요.

'다른 선물이 있었다면 좋았을 텐데. 그 생각을 못 했네.'

빈손으로 온 게 정말 후회가 되었어요.

"초콜릿이라면 실컷 먹었을 텐데……. 선물이 너무 약하지? 미안."

나는 민망한 표정을 감추지 못한 채 말했어요.

"지금 후딱 집에 갔다 올까? 다른 선물로 가져오자."

솔이가 내 귀에다 대고 속삭였어요. 그때였어요. 코피가 중얼거리는 목소리가 들렸어요.

"아……. 이게 초콜릿이구나."

"뭐?"

나는 깜짝 놀랐어요.

"무슨 말이야?"

솔이도 깜짝 놀라서 물었어요.

아름다운 공정 무역

"카카오나무 열매 씨앗으로 초콜릿을 만든다는 말은 들었어. 하지만 직접 본 건 처음이야."

"진짜?"

솔이가 물었어요.

"응. 우리 농장에선 카카오나무 농사만 짓는걸."

"그, 그럼 지금까지 초콜릿을 먹어 본 적도 없어?"

이번엔 내가 조심스레 물었어요.

"응. 비싸잖아."

"아……."

나는 할 말을 잃고 말았어요. 초콜릿 원료인 카카오 농사를 짓는데, 초콜릿을 먹어 보기는커녕 본 적도 없다니.

"고마워."

코피는 쑥스러운 듯 머리를 긁적이며 말했어요.

"사실, 나 진짜 초콜릿 맛이 궁금했거든. 내 동생들도 초콜릿을 먹고 싶어 했어. 그런데 오늘 우리 형제들이 초콜릿 맛을 볼 수 있게 되었네. 정말 고마워."

순간 나는 울컥한 나머지 눈물이 쏟아질 뻔했어요. 하지만 꾹 참았어요. 코피에게 실례가 되는 일이니까요.

"아, 너희들 가나는 처음이지? 이왕에 여기 왔으니까 우리나라 구경

시켜 줄게. 우리 집에서 가까운 황금 해안은 진짜 아름다워. 같이 놀러 가자."

코피가 밝게 말했어요.

"그래도 돼?"

"그럼, 오늘 일도 다 끝냈는걸. 그리고 선물도 받았는데 그냥 보낼 순 없지."

우린 코피와 함께 황금 해안으로 갔어요. 황금 해안은 예전에 금이 많이 나와서 붙여진 이름이래요. 그래서 영국, 프랑스 등 유럽의 많은 나라가 가나를 침략해 금을 빼앗기도 했대요.

코피의 설명을 듣다 보니 어느새 황금 해안에 도착했어요. 우리는 누가 먼저라고 할 것 없이 뜨거운 햇살로 반짝이는 모래사장을 가로질러 갔어요. 시원한 바다에 풍덩 몸을 날리고 신나게 놀았답니다.

여기가 황금 해안이야!

 ## 다 같이 행복한 세상

"하아."

코피를 만난 지 사흘이나 지난 오후였어요.

"어린아이가 웬 한숨이야?"

냉장고에서 물을 꺼내다 말고 삼촌이 물었어요.

"내가? 내가 한숨 쉬었어?"

"어, 세 번이나."

"그렇구나……."

"왜, 무슨 걱정 있어? 학교에서 친구와 싸웠어?"

나는 고개를 저었어요. 바다에서 놀 때 코피는 정말 행복해 보였죠. 하지만 지금도 코피는 일하고 있다는 생각을 하니 가슴이 답답했어요.

"있잖아, 삼촌."

"응."

"코피가 행복했으면 좋겠어. 코피도 공부할 기회가 있으면 좋겠어."

"코피? 아, 그 코피. 계속 코피 생각을 했던 거야?"

삼촌은 내가 코피를 만난 걸 몰라요. 그래서 '이상하다'고 생각할 수도 있을 거예요. 삼촌은 내 머리를 쓰다듬으며 웃었어요.

"우리 조카, 정말 마음이 따뜻하네. 삼촌도 코피가 행복했으면 좋겠어. 그런데 그러기 위해선 아이가 일하지 않아도 되는 세상을 만들어야 겠지."

"그런 세상이 빨리 왔으면 좋겠다. 그런데 그런 세상은 어떻게 만들 수 있어?"

"흠. 어려운 질문이구나."

"왜?"

"왜냐하면…… 일단 세상 모든 사람이 일한 만큼 돈을 벌 수 있어야 하니까. 코피 엄마도 만약 일한 만큼 돈을 벌었다면 코피는 일하지 않아도 되었을 거야. 그런데 코피 엄마가 일하는 바나나 농장에선 코피 엄마에게 제대로 된 돈을 주지 않고 있지. 그래서 공정 무역이 필요한 거야. 공정 무역은 노동자나 농민이 일한 만큼 공정하게 돈을 벌 수 있도록 하거든. 그래서 우리도 이왕이면 공정 무역 제품을 많이 사면 좋지. 그러면 다른 회사들도 공정 무역으로 상품을 만들게 될 거야."

"그렇구나. 나, 이제부터 공정 무역 제품만 살 거야."

"그리고 엄마 아빠가 가난해도 아이는 무조건 교육받을 수 있는 제도가 필요해."

"제도?"

"응. 이를테면 우리 집이 가난해도 가영이 넌 일하는 일은 없을 거야. 일단 한국에선 아동 노동은 법으로 금지되어 있어. 그리고 모든 아이는 학교에서 공부할 수 있는 권리가 있어. 그런데 아무리 이런 권리가 있어도 돈이 없으면 학교에 갈 수 없잖아. 그래서 제도적으로 지원을 해 주는 거야. 그러니까 아동 노동을 없애려면, 그 사회의 경제뿐 아니라 제도, 법 등도 받쳐 주어야 해. 그런데 빈민국이나 개발 도상국의 정부에선 그 부분까지 신경 쓰지 못하고 있지. 나라가 가난하니까."

"그럼 아무 방법도 없어?"

솔이의 공정 무역 상식

협동조합이 멀까?

열심히 일해도 가난을 벗어나지 못하는 사람들은 개발 도상국에만 있는 것은 아니에요. 부유한 국가에도 이런 사람들은 많아요. 물론 우리나라에도 있죠. 그래서 많은 사람이 이 문제를 해결하고자 노력해요. 그 방법의 하나로 '협동조합'이 있어요. 협동조합은 경제적으로 어렵고 사회적으로 소외된 사람들이 힘을 모아 만든 경제 조직이에요. 협동조합은 다양한 분야에 넓게 퍼져 있어요. 이를테면 농부 협동조합, 어부 협동조합, 수공예 협동조합 등이 있죠. 소비자는 협동조합에서 만든 상품을 생산자와 직거래할 수 있어요. 그래서 중간에 빠져나가는 유통 비용을 아끼고 더 좋은 상품을 합리적인 가격에 살 수도 있죠. 같은 이유로 협동조합 생산자는 자신의 생산물에 대해 더 공정한 대가를 받을 수 있답니다.

자발적, 개방적인 조합원 제도 민주적 권리 원칙 조합원의 경제적 참여

자율과 독립 교육, 훈련 및 정보 제공 협동조합 간 협동 지역 사회에 대한 기여

자료: 부산광역시 사회적 경제 지원 센터

"아니, 그렇진 않아. 조금 전에도 말했지만, 우리가 공정 무역 상품을 많이 쓰면 쓸수록 기업들은 공정 무역으로 상품을 만들려고 할 거야. 그렇게 하는 게 이익이라는 걸 아니까. 또 세계화 시대잖아. 세계화는 단지 무역이나 여행에서만 국경이 없어진 게 아니야. 국적은 달라도 우리 모두 행복하게 살 권리가 있는, 한식구라는 뜻이기도 해. 나만 잘 산다고 행복하지 않잖아. 그렇지?"

나는 고개를 끄덕였어요.

"맞아. 나도 행복하게 살고, 코피도 행복하게 살았으면 좋겠어. 그래야 진짜 행복할 것 같아."

"나도, 나도."

옆에서 솔이가 끄덕였어요. 그러자 삼촌이 뭔가 놀란 것 같은 표정을 지었어요.

"어, 방금 솔이가 뭐라 말했니?"

"뭐? 삼촌도 솔이의 목소리를 들었어?"

"아, 아니. 확실하게 들린 것은 아닌데……. 그런 느낌이 들었어."

"뭐? 진짜?"

어쩌면 삼촌도 솔이의 목소리를 듣게 될 날이 올지도 모른다는 생각이 들었어요. 그런 날이 오면 정말 좋을 것 같아요. 그러면 솔이도 덜 외롭겠죠? 솔이를 알아봐 주는 사람이 많으면 많을수록 즐거운 시간을 더 많이 보낼 수 있잖아요.

솔이도 나와 같은 생각을 하는 것 같았어요. 삼촌을 바라보는 눈동자가 반짝반짝 빛나고 있었거든요.

 세계 공정 무역의 날

나는 삼촌과 세계 공정 무역의 날 행사에 와 있어요. 물론 솔이도 같이 왔죠. 지금 솔이는 내 품속에 얌전히 안겨 있어요. 하지만 바쁘게 눈

동자를 굴리고 있어요. 사람들로 가득 차 있는 행사장이 무척 신기한가 봐요.

"초콜릿은 언제 살 거야?"

솔이가 작은 목소리로 물었어요.

"쉿."

나는 얼른 솔이의 입을 막았어요.

"하하하. 지금 와서 뭘 숨기는 거야? 네가 솔이와 대화하는 것을 이미 알고 있는데."

삼촌이 말했어요.

"아, 맞다. 그랬지? 지금도 솔이 목소리는 안 들려?"

"응. 아직은. 그런데 언젠가 듣게 되지 않을까?"

"왜 그렇게 생각해?"

"너랑 솔이를 이해하기 위해 노력하고 있으니까."

"아! 삼촌, 멋짐이 풀풀."

내가 이렇게 말하자 솔이는 "동의."라고 덧붙였어요.

"그런데 초콜릿은? 초콜릿은 안 사?"

솔이가 물었어요. 오늘 밤에 코피 집에 놀러 가기로 했거든요. 이번엔 초콜릿을 아주 많이 가져갈 생각이에요.

"삼촌, 초콜릿은 어디서 팔아?"

"초콜릿? 초콜릿이 먹고 싶어?"

"응."

나는 고개를 끄덕였어요. 하지만 초콜릿을 사는 진짜 이유는 밝히지 않았어요.

"저쪽으로 가 보자."

삼촌을 따라간 곳엔 공정 무역 초콜릿이 종류별로 가득 있었어요.

"와. 이게 다 공정 무역 초콜릿이야?"

나는 깜짝 놀라서 물었어요.

"그래. 전부 맛도 좋아. 공정 무역 상품은 질도 좋단다."

초콜릿을 파는 사장님이 대답했어요.

"정말요?"

"그럼. 여기 공정 무역 마크 보이지?"

"네."

"질이 좋지 않으면 이 마크를 붙일 수 없어."

"아! 그렇구나."

나는 초콜릿을 열 개나 골랐어요. 그러자 삼촌이 놀라서 물었어요.

"이렇게 많이?"

"어, 착한 초콜릿이잖아. 나눠 먹어야지."

나는 이렇게 대꾸하며 가방에서 지갑을 꺼냈어요.

"삼촌이 사 줄게."

"아냐. 이 초콜릿은 내가 사야 해. 내 친구에게 주는 선물인걸."

"네가 무슨 돈이 있다고?"

"나 돈 많아. 설날에 세배하고 받은 돈도 있고, 그동안 받은 용돈도 모아 두었는걸."

나는 야무지게 말하며 돈을 세기 시작했어요. 그러자 삼촌과 초콜릿 파는 사장님이 웃는 소리가 들렸어요.

"야, 나한테는 돈 없어서 용돈 못 준다며?"

솔이가 대뜸 항의했어요.

"이럴 때 쓰려고 아껴 둔 거지."

초콜릿 파는 사장님이 듣지 못하게 작은 목소리로 대답했어요.

"그런데 삼촌이랑 저 사람은 왜 웃는 거야?"

솔이가 작은 소리로 물었어요.

"몰라. 어른들은 이상해. 초콜릿을 열 개나 사서 그런가?"

나 역시 작은 목소리로 말했어요. 하지만 바로 내 옆에 있던 삼촌은 내 말을 듣고는 더 크게 웃기 시작했어요. 그런 다음 초콜릿을 파는 사람에게 이렇게 말하는 거예요.

"초콜릿 열 개 더 주세요."

"뭐? 왜?"

"이건 내가 사는 거야. 우리 조카님이 더 많은 친구와 나눠 먹을 수 있게."

솔이의 공정 무역 상식

숫자로 보는 공정 무역

자료: 세계 공정 무역 기구 누리집(2018)

- **96만 5700명** — 공정 무역으로 삶이 개선된 사람들
- **74%** — 공정 무역으로 삶이 개선된 사람 중 여성 비율
- **52%** — 공정 무역 단체 CEO 중 여성 비율
- **10조 원** — 공정 무역 단체 연 매출 규모
- **91개** — 유기농 제품 생산 공정 무역 단체
- **28개** — 순환 경제 방식으로 제품 생산하는 공정 무역 단체
- **20개** — 난민 기술자와 함께 일하는 공정 무역 단체

나는 배시시 웃고 말았어요.

"삼촌, 짱!"

내 품속에 안겨 있던 솔이가 말했어요. 그러자 삼촌이 놀란 눈으로 솔이를 쳐다보곤 작은 목소리로 대답했어요.

"너도 짱이야."

공정 무역 깊게 알아보기

세계 공정 무역 협회는 무역품에 대한 공정 무역 기준을 정하고 현지의 생산자 조직을 통해 공정 무역을 활성화하는 것을 목적으로 해요. 협회는 품목별로 최저 가격을 정해 생산자들에게 최소한의 이익을 보장할 뿐만 아니라 거래 시 프리미엄을 지급하도록 규정하고 있어요. 프리미엄은 현지의 생산자들에게 추가적인 이윤이

※ 공정 무역 거래 비율은 세계 공정 무역 협회에서 승인한 생산물 중 공정 무역의 조건으로 판 상품의 비율을 의미합니다.

커피
총 농부 수 : 737100명
거래량 : 142400t
거래 비율 : 31%
프리미엄 : 약 528억 원

아라비카 원두 1kg 들어간 커피를 산다면,
현지에 프리미엄 **485**원

바나나
총 농부 수 : 27100명
거래량 : 406000t
거래 비율 : 62%
프리미엄 : 약 204억 원

700g짜리 바나나 한 송이를 산다면,
현지에 프리미엄 **770**원

243원
370원
253원
171원
38원
525원

생산자 조직
시설 투자, 인건비 및 행정, 직무 연수 등

코코아
총 농부 수 : 176600명
거래량 : 60400t
거래 비율 : 40%
프리미엄 : 약 118억 원

코코아 가루 1kg이 들어간 핫초코를 산다면,
현지에 프리미엄 **517**원

자료: 세계 공정 무역 협회

되며 그 지역 사회의 인프라에 투자될 수 있도록 관리된다고 해요.
아래 내용은 2012~2013년 공정 무역 생산자 매출액이 가장 큰 6개의 상품에 대해 무역 규모와 프리미엄 발생액, 프리미엄의 쓰임새를 조사한 것이랍니다.
(1달러=1100원, 1유로=1200원으로 계산)

시장에서 공정 무역 계피 1kg을 산다면,
현지에 프리미엄 **372** 원

차(Tea)
총 농부 수 : 299900명
거래량 : 12200t
거래 비율 : 8%
프리미엄 : 약 56억 원

217원
277원
253원
71원
90원
406원

29원
85원
47원
112원
110원
59원

현지 농부
보조금, 직업 및 사업 교육,
시설 정비, 교육, 의료,
금융 서비스 등

현지 지역 사회
지역 사회 인프라 투자, 교육,
의료, 환경비 등

면화
총 농부 수 : 59700명
거래량 : 16000t
거래 비율 : 33%
프리미엄 : 약 8억 원

설탕
총 농부 수 : 62200명
거래량 : 211600t
거래 비율 : 41%
프리미엄 : 약 117억 원

면화 400g이 들어간 공정 무역 티셔츠 10벌을 산다면,
현지에 프리미엄 **240** 원

설탕 15kg을 산다면,
현지에 프리미엄 **990** 원

착한 소비자? 나쁜 소비자?

우리는 태어난 순간부터 소비자가 돼요. 우리가 입는 옷, 우리가 먹는 음식, 우리가 쓰는 물품 등 모든 것은 돈을 주고 사야만 하는 것이니까요. 우린 정말 단 하루도 소비하지 않고 산 적이 없어요. 그래서 많은 소비자가 이왕이면 착한 소비를 하고자 노력하기도 해요. 공정 무역 상품을 구매하거나 환경 친화적인 제품을 사는 것도 그러한 노력 중 하나예요.

그런데 어떤 사람들은 '착한 소비'라는 말 자체에 거부감을 느끼기도 해요. 착한 소비를 하지 않으면 나쁜 소비자가 된 것처럼 느껴질 수도 있기 때문이에요.

가영이의 친구를 예로 들어 볼까요? 가영이의 친구인 도희도 공정 무역 초콜릿을 먹고 싶다고 생각해요. 하지만 마트에서 파는 일반 초콜릿보다 공정 무역 초콜릿이 더 비싸요. 그 때문에 도희는 일반 초콜릿을 사 먹죠. 용돈이 많지 않거든요. 또 일회용 컵이나 빨대를 사용하는 게 환경에 좋지 않다는 것도 알아요. 하지만 편의점을 종종 이용하면서 일회용 제품을 많이 쓰게 돼요. 그래서 가영이가 '착한 소비'에 대해 말할 때면 어쩐지 죄책감을 갖게 되지요.

내가 생각하는 소비는 어떤 것인지, 또 나는 어떤 소비를 착하게 생각하거나 나쁘게 생각하는지에 대해 친구들과 한번 토론해 보세요.

소비자가 생각하는 윤리적 소비

73%	67%	58%	45%	44%	44%	37%
친환경 제품 구매	사회적 책임을 잘하는 기업의 제품 구매	로컬 제품 구매	동물 복지 제품 구매	공정 무역 제품 구매	사회적 취약 계층이 만든 제품 구매	기부와 연계된 제품 구매

윤리적 소비 경험 여부

※ 응답자의 **47%** 다른 사람 혹은 사회 전체의 이익을 고려해 의도적으로 윤리적 소비 경험

43%	24%	17%	10%	5%	2%
지역 사회에 도움이 될 것이라고 생각해서	판매자에게 도움을 주기 위해서	심리적 만족감 때문에	제품 서비스의 질이 좋아서	제품 서비스의 가격이 좋아서	기타

소비 결정의 기준

제품의 질이 우수하다면 비윤리적 기업의 제품이라도 구매 할 의향이 있다.

YES 38%   NO 62%

가격이 저렴하다면 비윤리적 기업의 제품이라도 구매할 의향이 있다.

YES 35%   NO 65%

가격이 비싸더라도 친환경 제품이나 사회적 책임을 다하는 기업의 제품이라면 구매할 의향이 있다.

YES 56%   NO 44%

제품의 질이 떨어져도 친환경 제품이나 사회적 책임을 다하는 기업의 제품이라면 구매할 의향이 있다.

YES 45%   YES 55%

자료: 한국 리서치, '방식은 달라도 가치가 모여 실현하는 착한 소비', 2020

선 긋기

전 세계적으로 '착한 소비자 운동'이 펼쳐지고 있어요. 현명한 소비를 하기 위해서죠. 서로 알맞은 내용끼리 선으로 연결해 봐요.

1. 재래시장 이용하기
2. 소비자 보호 센터
3. 공정 무역 상품 구매하기
4. 노쇼 (NO-SHOW)
5. 플라스틱 줄이기
6. 불매 운동

가. 기업이 부당한 행동을 했을 때, 소비자는 저항의 뜻으로 그 기업에서 만든 상품을 사지 않아요.

나. 고객이 식당 등에 예약한 후, 약속된 시간에 나타나지 않은 것을 뜻하는 말이에요. 이 때문에 식당은 경제적 손해를 입곤 해요.

다. 일회용 컵이나 플라스틱 빨대를 사용하지 않음으로써 환경을 보호해요.

라. 불공정하고 불합리한 거래로부터 소비자의 권익을 보호하는 업무를 하는 기관이에요.

마. 이것을 통해 지역 상권을 살릴 수 있어요.

바. 농민이나 노동자의 노동에 대해 올바른 가격을 주고 구매해요.

정답: ①-마, ②-라, ③-바, ④-나, ⑤-다, ⑥-가

> 어려운 용어를 파헤치자!

개발 도상국 개발 도상국은 선진국이 아닌 국가를 말해요. 그러니까 정치 경제적으로 아직 발전하지 못한 나라죠. 그런데 모든 나라의 발전 정도가 똑같지는 않아요. 어떤 나라는 현재 조금 가난하지만 계속 발전하고 있고, 또 어떤 나라는 몹시 가난해서 아예 발전하지 못하기도 해요. 경제적, 정치적 상황도 다 달라서 선진국이 아닌 나라를 모두 '개발 도상국'이라 하는 건 문제가 있죠. 그래서 발전의 정도에 따라 '빈민국', '신흥 공업국', '중진국' 등으로 분류하기도 해요.

국제 노동 기구 노동 문제를 다루는 유엔의 전문 기구로서 스위스 제네바에 본부를 두고 있어요. 자유롭고 평등하고 안전하게 인간의 존엄성을 유지할 수 있는 노동을 보장하려고 노력해요.

보호 무역 자기 나라의 산업을 보호·육성하기 위하여 국가가 대외 무역을 간섭하고 수입에 여러 가지 제한을 두는 무역을 말해요. 관세, 특별 소비세와 같은 세금을 부과하여 수입품의 가격을 올리거나 수입량을 제한하기도 하지요. 특정 품목의 수입을 제한하는 방법 등으로 자기 나라의 산업을 보호하기도 해요.

세계화 세계화는 세계 모든 나라가 국경을 넘어 서로 자유롭게 이동할 수 있게 된 것을 말해요. 세계화는 주로 사회적, 문화적 측면과 관련된 상호 작용과 통합의 경제적 과정이에요.

자유 무역 각 국가의 기업들이 자유롭게 수출하고 수입할 수 있는 무역이에요. 한마디로 자유롭게 거래할 수 있는 거죠. 그렇다고 정부가 수출, 수입에 제한을 두지 않는 건 아니에요. 각 나라의 정부는 자국의 기업과 산업을 보호해야 해요. 그러기 위해선 수입과 수출에 대해 통제하기도 해요. 하지만 이러한 통제는 최소한으로 하게 되어 있어요.

공정 무역 관련 사이트

국제 공정 무역 기구 한국 사무소 fairtradekorea.org
국제 공정 무역 기구는 세계에서 가장 크고 인지도가 높은 공정 무역 시스템이에요. 공정 무역의 개념 및 필요성을 알려 주고 소비자와 기업이 공정 무역에 참여하는 방법을 제공하고 공정 무역 제품의 홍보를 지원하지요.

한국 공정 무역 협의회 www.kfto.org
공정 무역을 주로 하는 단체들의 연합체로, 2012년에 설립되었어요. 공정 무역에 대한 정보뿐만 아니라 공정 무역을 하는 회원사를 확인할 수 있어요.

아시아 공정 무역 네트워크 www.asiafairtrade.net
아시아를 중심으로 저개발국 빈곤한 농민들의 협동조합과 공정한 거래를 하는 순수 공정 무역 단체이자 사회적 기업이에요. 공정 무역에 대한 정보와 공정 무역 제품 등을 접할 수 있어요.

아름다운커피 www.beautifulcoffee.com
순수 공정 무역 단체로 공정 무역으로 거래한 원두, 초콜릿, 코코아, 차, 설탕 등을 판매하고 있어요. 유네스코 지속 가능 발전 교육 공식 프로젝트로, 공정 무역 교실도 진행하고 있답니다.

페어 트레이드 코리아 fairtradegru.com
공정 무역을 통해 생산된 제품을 판매하고 있어요. 이곳에선 주로 여성 생산자들이 만든 옷이나 수공예품을 판답니다. 또 공정 무역 캠페인, 교육, 지역 커뮤니티 활동 등을 하고 있어요.

신나는 토론을 위한 맞춤 가이드

가영이와 말하는 부엉이 인형 솔이와 함께 공정 무역에 대해 잘 알게 되었나요? 그 전에 마지막 단계인 토론을 잊지 마세요. 토론을 잘하려면 올바른 지식과 다양한 정보가 바탕이 되어야 해요. 책을 다 읽고 친구 또는 부모님과 함께 신나게 토론해 봐요!

잠깐! 토론과 토의는 뭐가 다르지?

토론과 토의는 모두 어떤 문제를 해결하기 위해 의견을 나누는 일입니다. 하지만 주제와 형식이 조금씩 달라요. 토의는 여러 사람의 다양한 의견을 한데 모아 협동하는 일이, 토론은 논리적인 근거로 상대방을 설득하는 일이 중요합니다. 토의는 누군가를 설득하거나 이겨야 하는 것이 아니기 때문에 서로 협력해서 생각의 폭을 넓히고 좋은 결정을 내릴 때 필요해요. 반면 토론은 한 문제를 놓고 찬성과 반대로 나누어 서로 대립하는 과정을 거치지요. 넓은 의미에서 토론은 토의까지 포함하는 경우가 많습니다. 토론과 토의 모두 논리적으로 생각 체계를 세우고, 사고력과 창의성을 높이는 데 도움을 준답니다.

토론의 올바른 자세

말하는 사람
1. 자신의 말이 잘 전달되도록 또박또박 말해요.
2. 바닥이나 책상을 보지 말고 앞을 보고 말해요.
3. 상대방이 자신의 주장과 달라도 존중해 주어요.
4. 주어진 시간에만 말을 해요.
5. 할 말을 미리 간단히 적어 두면 좋아요.

듣는 사람
1. 상대방에게 집중하면서 어떤 말을 하는지 열심히 들어요.
2. 비스듬히 앉지 말고 단정한 자세를 해요.
3. 상대방이 말하는 중간에 끼어들지 않아요.
4. 다른 사람과 떠들거나 딴짓을 하지 않아요.
5. 상대방의 말을 적으며 자기 생각과 비교해 봐요.

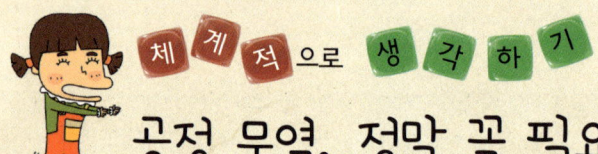

공정 무역, 정말 꼭 필요할까요?

공정 무역이 그렇게 좋은 것이라면, 왜 다른 기업들은 이렇게 하지 않는 걸까요? 다음 글을 읽고 여러분의 생각을 정리해 보세요.

공정 무역을 둘러싼 찬반론이 팽팽해요. 찬성하는 이들은 공정 무역이 아동 노동을 줄이는 등 노동자의 권리를 보호할 뿐만 아니라 친환경 공법으로 제품을 소량 생산하도록 유도해 대량 생산·소비에 따른 지구 환경 파괴를 막을 수 있다고 강조해요.

반대론 쪽 의견도 만만치 않아요. 생산자와 소비자의 직거래는 시장 가격을 골간으로 세계 무역 질서를 흔들 뿐 아니라 자유 무역 정신도 훼손하기 때문이라는 주장이지요. 만약 커피 재배 농민들이 시장 가격보다 높은 가격을 받는다면, 농민들은 자연스럽게 커피 생산을 더 늘릴 거예요. 결국 수요·공급의 불균형이 생겨 가격은 떨어질 수밖에 없다는 논리지요.

이에 한국 공정 무역 연합 측에서는 이렇게 설명해요. 공정 무역은 자유 무역 체제에서 구조적으로 패자가 될 수밖에 없는 제3세계 노동자들에게 혜택을 나눠 주자는 것이지 자유 무역을 전면 부정하는 것은 아니라는 점이지요.

여기에 공정 무역이나 윤리적 소비를 권장하는 게 오히려 '웰빙'처럼 기업의 마케팅 수단으로 전락할 수 있다는 우려의 목소리도 있어요.

일반적으로 '합리적 소비'는 가격 대비 품질을 고려해서 구입하는 것이에요. 그런데 공정 무역 소비자들은 생산자를 보호하고 환경 문제까지 신경 써야 하는 '비합리적 소비'를 하게 되지요. '윤리적 소비'라는 이름으로 말이에요. 이것은 자본주의 체제 속에서 스스로 문제점을 해결해 나가는 과정에서 생긴 특이한 소비 형태라고 할 수 있답니다.

1. 공정 무역에 찬성하는 이들의 주장을 정리해 보세요.

2. 공정 무역에 반대하는 이들의 주장을 정리해 보세요.

3. 공정 무역이 윤리적 소비이면서 비합리적인 소비일 수밖에 없는 이유는 무엇일까요?

공정 무역을 주류화할 수 있을까요?

우리나라에선 아직 공정 무역 활동이 미비해요. 그래서 공정 무역을 더 발전시켜 주류화(다수파가 되게 함)해야 한다는 의견도 있지요. 글을 읽고 의견을 나눠 봅시다.

한국의 공정 무역 시장은 우리나라 전체 경제 규모에 비해서 그 비중이 너무 작습니다. 저개발국 생산자들에게 좀 더 많은 이익이 돌아가려면, 종류가 다양하고 수량도 많아져야 합니다. 그에 따라 당연히 소비도 더 늘어야 하고요. 영국 등 공정 무역 선진국에서는 어느 가게에 가도 공정 무역 제품을 쉽게 찾아볼 수 있도록 주류화되어 있지만, 우리나라는 일반 시장에서 거의 찾아보기 힘들지요.

그렇지만 공정 무역을 주류화시키기 위해 다국적 기업 등이 참여하는 건 우려할 일입니다. 공정 무역의 가치가 훼손될 가능성이 있기 때문이지요. 공정 무역의 규모는 확대하되, 기본 정신은 지킬 수 있어야 합니다. 실제 다른 나라의 경우 대기업들이 공정 무역을 이용하려고 한다는 비판이 나오고 있고요. 공정 무역은 특히 저개발 국가에서 경제 발전의 혜택으로부터 소외된 생산자와 노동자들에게 더 나은 거래 조건을 제공하고, 그들의 권리를 보호함으로써 지속 가능한 발전에 이바지해야 합니다.

우리나라에는 여러 생협이 비교적 활발하게 운영 중입니다. 공정 무역의 가치를 존중하여 수입을 하고 있지요. 이러한 사회적 경제 조직들이 중심이 되어 공정 무역의 주류화를 이루는 게 좋다고 생각합니다. 이렇게 하면 나중에 일반 기업이 참여하더라도 선점한 사회적 경제 조직들이 기업을 견제 및 감시할 수 있지요. 실제 유기농 제품의 주류화도 생협이 주도했고, 나중에 대기업이 참여한 형식이었어요. 대기업이 유기농 제품 시장을 장악하지 않도록 하면서 생산자와 소비자의 건강한 거래를 유지시킬 수 있었던 사례입니다.

1. 다국적 기업이 공정 무역에 참여하면 어떤 문제가 생길 것이라고 주장하고 있나요?

2. 공정 무역이 건강한 주류화가 되려면 어떻게 되어야 한다고 의견을 밝히고 있나요?

3. 대기업의 공정 무역 참여에 대해서 여러분은 어떤 생각을 갖고 있는지 정리해서 말해 보세요.

논리적으로 말하기 2

개인 소비에서 마을 운동으로 어떻게 확장할 수 있을까요?

공정 무역에 참여하고 싶어도 공정 무역 제품을 구하는 게 쉽지 않아요. 공정 무역 제품을 판매하는 곳이 많지 않기 때문이죠. 그래서 그 대안으로 마을 운동을 내세우기도 해요. 다음 글을 읽고 질문에 답해 보세요.

공정 무역 마을 운동은 전 세계적인 공정 무역 커뮤니티 운동으로서, 지역 내 다양한 공동체를 기반으로 공정 무역에 대한 인식을 높이고 공정 무역 상품의 판매량을 증가시키는 데에 목적을 두고 있습니다. 이러한 운동은 공정 무역 가치와 정신에 공감하는 수많은 자원봉사자, 활동가, 지역 공무원 및 학교, 종교 기관, 상점과 기업까지 지역 사회 구성원의 의지와 지지를 기반으로 탄생하였습니다. 이로써 지역 사회와 지방 정부가 함께 공정 무역에 실질적인 기여를 하는 가장 효율적인 방법으로 평가받고 있습니다.

서로 다른 36개국 2000여 곳(2018년 7월 기준)의 마을과 도시가 '공정 무역 마을'의 이름으로 동참하고 있습니다. 국제 공정 무역 마을 위원회에서는 2013년 4월, '공정 무역 마을 캠페인 확산'을 위해 가이드라인을 정리하여 공개하고 2015년 2월에 수정 단계를 거쳐 공정 무역 마을 운동에 참여하는 모든 이에게 공유했습니다.

공정 무역 마을이 되기 위한 5가지 목표
- 지역 의회의 지지 – 조례 제정 및 결의안 채택
- 지역 매장의 접근성 확장 – 공정 무역 상품 판매처 확대
- 다양한 공동체에서 공정 무역 제품 활용 – 학교, 회사, 상점, 각종 회의, 행사 등에 사용 확대
- 미디어 홍보 – 더 많은 이들에게 알리기 위한 캠페인에 동참
- 공정 무역 위원회 구성 – 공정 무역 마을 만들기에 앞장 설 활동가

개인의 소비 차원을 넘어 공동체가 함께 움직이지 않는다면 공정 무역 확산에 한계가 있을 수밖에 없습니다. 민관 협력을 바탕으로 한 풀뿌리 운동의 성격을 갖는 공정 무역 마을 운동이 활발해져야 공정 무역의 저변이 확대될 수 있습니다.

자료: 한국 공정 무역 마을 위원회

1. 공정 무역을 개인의 차원이 아니라 마을 운동으로까지 확산시켜야 하는 이유는 무엇일까요?

2. 공정 무역을 확산시키기 위해, 여러분 스스로 활동할 수 있는 내용은 무엇이 있을지 정리해서 말해 보세요.

창의력 키우기
내가 생각하는 공정 무역 제품은?

지금까지 우리가 살펴본 공정 무역 제품은 설탕, 초콜릿, 커피 등이에요. 이 외에 우리가 일상에서 사용 가능한 공정 무역 제품으로는 어떤 것이 있을까요? 새로운 제품을 만든다면 어떤 게 좋을지 여러분의 생각을 정리해 보세요.

예시 답안

공정 무역, 정말 꼭 필요할까요?

1. 공정 무역 옹호론자들은 공정 무역이 아동 노동을 줄이는 등 노동자 권리를 보호할 뿐 아니라 친환경 공법으로 제품을 소량 생산하도록 유도해 대량 생산·소비에 따른 지구 환경 파괴를 막을 수 있다고 강조한다. 공정 무역은 자유 무역 체제에서 구조적으로 패자가 될 수밖에 없는 제3세계 노동자들에게 혜택을 나눠 주자는 것이지, 자유 무역을 전면 부정하는 것은 아니다.
2. 생산자와 소비자의 직거래는 시장 가격을 골간으로 하는 세계 무역 질서를 흔들 뿐 아니라 자유 무역 정신도 훼손한다고 주장한다. 예컨대 커피 재배 농민들이 시장 가격보다 높은 가격을 받는다면 농민들은 커피 생산을 더 늘려 수요·공급의 불균형을 초래해 결국 가격을 떨어뜨린다는 것이다.
3. 기본적으로 소비자는 가격 대비 품질을 고려하는 '합리적 소비'를 하려고 한다. 하지만 공정 무역 소비자들은 오히려 생산자를 보호하고 환경 문제까지 신경 쓰는 '비합리적 소비'이면서 윤리적인 소비를 할 수밖에 없다. 하지만 이것은 자본주의가 가져오는 폐해이므로, 가난한 이들을 생각해야 한다는 점에서 윤리적 소비로 참여하는 공정 무역은 꼭 필요하다.

공정 무역을 주류화할 수 있을까요?

1. 대기업들이 진정성 없이 공정 무역을 이용하려고 한다면 공정 무역의 가치가 훼손될 수 있다.
2. 공정 무역의 가치를 존중하는 공정 무역 단체와 생협을 비롯한 사회적 경제 조직들이 중심이 되어 주류화가 진행되어야 한다. 그래야 나중에 일반 기업이 뛰어들어도 긴장 관계를 유지하면서 감시가 이뤄질 수 있다.
3. **예시 답안 ❶** 나는 앞으로 대기업이 공정 무역에 참여하는 것에 제한을 두어야 한다고 생각한다. 일반적으로 기업은 회사의 이익을 최우선으로 하기 때문에 소비자나 생산자 입장을 대변하는 공정 무역의 가치와 맞지 않기 때문이다.
   예시 답안 ❷ 나는 앞으로 대기업도 공정 무역에 무조건적으로 참여시켜야 한다고 생각한다. 세계는 자유 무역 중심이기는 하나, 진정한 세계화란 소외되는 국가 없이 모두 건강하고 행복하게 사는 것이 좋다고 생각하기 때문이다.

개인 소비에서 마을 운동으로 어떻게 확장할 수 있을까요?

1. 공정 무역에 대한 인식을 더 넓게 확산시키고 공정 무역 상품의 판매를 늘려서, 실질적으로 개발 도상국의 생산자들에게 좀 더 많은 이익이 돌아갈 수 있게 하기 위해서이다. 개인의 소비로 그친다면 공정 무역을 확산시키는 데 한계가 있을 수밖에 없기 때문이다.
2. 엄마, 아빠와 함께 공정 무역 제품에는 무엇이 있는지 찾아보고, 마트에 갔을 때 그런 상품이 있는지 꼼꼼하게 살펴본다. 똑같은 종류의 제품일 경우, 이왕이면 공정 무역 제품을 구입하는 습관을 갖는다.

✅ 뭉치북스가 만든 국내 최초 토론

✅ 한국디베이트협회와 교육 전문가들이 강력 추천

인재를 위한 과서

✓ 초등 국어 교과서 선정 도서!
✓ 활용 만점 독후 활동지 각 권 제공!

한 책!

- 한우리 추천도서
- 경향신문 추천도서
- 경기도 초등토론 교육연구회 추천
- 경기도 지부 독서 골든벨 선정도서
- 환경정의 어린이 환경책 권장도서
- 학교도서관 사서협의회 추천도서
- 한국 아동문학인협회 우수도서

뭉치수학왕

"수학이 쉬워지고, 명작보다 재미있는"

"인공지능(AI) 시대의 힘은 수학에서 나온다!"

개념 수학

〈수와 연산〉
1. 양치기 소년은 연산을 못한대
2. 견우와 직녀가 분수 때문에 싸웠대
3. 가우스, 동화 나라의 사라진 0을 찾아라
4. 가우스는 소수 대결로 마녀들을 물리쳤어
5. 앨런, 분수와 소수로 악당 히들러들 쫓아내라
6. 약수와 배수로 유령 선장을 이긴 15소년

〈도형〉
7. 헨젤과 그레텔은 도형이 너무 어려워
8. 오일러와 피노키오는 도형 춤 대회 1등을 꿈꾸라
9. 오일러, 오즈의 입체도형 마법사를 찾아라
10. 유클리드, 플라톤의 진리를 찾아 도형 왕국을 구하라
11. 입체도형으로 수학왕이 된 앨리스

〈측정〉
12. 쉿! 신데렐라는 시계를 못 본대
13. 알쏭달쏭 알라딘은 단위가 헷갈려
14. 아르키는 어림하기로 걸리버 아저씨를 구했어
15. 원주율로 떠나는 오디세우스의 수학 모험

〈규칙성〉
16. 떡장수 할머니와 호랑이는 구구단을 몰라
17. 페르마, 수리수리 규칙을 찾아라
18. 피보나치, 수를 배열해 비밀의 방을 찾아라
19. 비례배분으로 보물섬을 발견한 해적 실버

〈자료와 가능성〉
20. 아기 염소는 경우의 수로 늑대를 이겼어
21. 파스칼은 통계 정리로 나쁜 왕을 혼내 줬어
22. 로미오와 줄리엣이 첫눈에 반할 확률은?

〈문장제〉
23. 개념 수학-백점 맞는 수학 문장제①
24. 개념 수학-백점 맞는 수학 문장제②
25. 개념 수학-백점 맞는 수학 문장제③

융합 수학
26. 쌍둥이 건물 속 대칭축을 찾아라(건축)
27. 열차와 배에서 배수와 약수를 찾아라(교통)
28. 스포츠 속 황금 각도를 찾아라(스포츠)
29. 옷과 음식에도 단위의 비밀이 있다고?(음식과 패션)
30. 꽃잎의 개수에 담긴 수열의 비밀(자연)

창의 사고 수학
31. 퍼즐탐정 썰렁홈즈①-외계인 스콜피오스의 음모
32. 퍼즐탐정 썰렁홈즈②-315일간의 우주여행
33. 퍼즐탐정 썰렁홈즈③-뒤죽박죽 백설 공주 구출 작전
34. 퍼즐탐정 썰렁홈즈④-'지지리 마란드러' 방학 숙제 대작전
35. 퍼즐탐정 썰렁홈즈⑤-수학자 '더하길 모테'와 한판 승부
36. 퍼즐탐정 썰렁홈즈⑥-설국언차 기관사 '어라도 달리능기라'
37. 퍼즐탐정 썰렁홈즈⑦-해설 및 정답

수학 개념 사전
38. 수학 개념 사전①-수와 연산
39. 수학 개념 사전②-도형
40. 수학 개념 사전③-측정·규칙성·자료와 가능성